はじめに　「一流」と「二流」を分けるもの

●――一軍と二軍を分けるポイントは、体力、技術、スピードだ。

　毎年プロ野球には、１球団６、７人、セ・パ両リーグ12球団合わせて80人前後の新人選手がドラフト会議で指名され、入団してくる。いずれも高校時代に甲子園で活躍した選手、大学、社会人で才能を伸ばした選手ばかりだ。彼ら新人と先輩たち、１球団合わせて70人ほどの支配下登録選手が一軍登録28人の枠を争うことになる。全国から集まった野球の上手《うま》い選手同士で、一軍枠をめぐってさらに厳しい競争をくぐり抜けなければいけないわけだ。

　では一軍と二軍選手では、何が違うのだろうか。もちろん、実力が違う。じゃあ、どうやって実力を付けたらいいのか、ただやみくもにやっても意味がないというのが私の意見だ。一軍と二軍を分けるポイントは、次の３つだと思う。すなわち①体力、

②技術、③スピードである。

まずは体力があるかないか。多くの新人選手はまだ体力がないから、二軍スタートが多くなる。次に技術。バッティング技術、ピッチング技術など、足りない部分があるから二軍で練習する。そしてスピード。単に足が速いか遅いかではなく、バッターで言えばスイングスピード、ピッチャーなら球の速さ。この3つを兼ね備えていれば、まず一軍に上がれる。逆に何かが足りないから二軍に落とされる。

一般の企業でも同じだと思う。「一流」の社員と「二流」を分けるポイントは必ずある。要はそのポイントを見つけ、効果的に努力することが大切なのだ。

●「超一流」は人より抜きんでた技術、スタイルを持っている。

プロ野球の世界では、トップクラスの活躍を見せ、記録を残すような選手がいる。「一流」の上、いわゆる「超一流」と呼ばれる人たちだ。残念ながら、誰もが「超一流」の選手になれるわけではない。それには素質が必要だ。持って生まれた器というか、歌の上手い人、下手な人と一緒で、下手な人がどんなに喉がかれるまで練習しても歌の上手い人にはかなわない。それと同じ。持って生まれた素質、これだけはどうしようもない。

プロ野球の世界での「超一流」を私なりに考えてみると、バッターの歴代トップ10は、左打者ではまず〝世界のホームラン王〟王貞治《おうさだはる》。不滅の金字塔、通算８６８本塁打は文句なしだ。次に青バットの大下弘《おおしたひろし》さん、赤バットの川上哲治《かわかみてつはる》さん、私、そしてイチロー。右バッターでは古い順から初代ミスタータイガース、「ダイナマイト打線」を担った物干し竿の藤村富美男《ふじむらふみお》さん、同じく「ダイナマイト打線」を藤村さんと組み、2リーグ分裂後は毎日オリオンズで活躍された別当薫《べっとうかおる》さん、西鉄ライオンズで五度の本塁打王に輝いた中西太《なかにしふとし》さん、そして〝ミスター〟こと長嶋茂雄《ながしましげお》さん。最後は史上最多三度の三冠王に輝いた落合博満《おちあいひろみつ》。バッターのトップクラスといえば、この10人の名前が挙がる。

この10人に共通しているのは、他人が真似しようとしても真似できない独特の技術、スタイルを持っていること。王の一本足打法しかり、イチローの振り子打法しかり、私の広角打法など独特のスタイルと特徴がある。人より抜きん出ているから、記憶に残るし、素晴らしい記録も残している。古い人の名を多く挙げるのは、私自身、戦後のプロ野球復興期の記憶があるからだ。当時のボールは本当に飛ばなかった。１９４６年（昭和21）、大下さんは、ホームランがリーグ全体で２１１本だった時代にひとりで20本塁打したし、その4年後、別当さんも43本を打った。

その中で誰が一番かといったら、やっぱり王だろう。私が〝4大監督〟のひとりと仰ぐ三原脩《みはらおさむ》さんと話をしたことがあるが、彼は大下さんを推していた。西鉄ライオンズ時代に監督と選手という立場で、日本一になった経験があるからだろう。私も大下さんの最晩年に相手チームとして直《じか》に接したことがあるが、どちらかを選ぶとしたら王を選ぶ。長嶋さんも凄《すご》いけれど、長打の点で王が勝る。

ピッチャーでは、400勝投手の金田正一《かねだまさいち》さん、先発でも抑えでも活躍した江夏豊《えなつゆたか》。右投手ならシーズン42勝の日本記録を持っている稲尾和久《いなおかずひさ》さん、日本タイ記録の9者連続奪三振の土橋正幸《どばしまさゆき》さん、そしてザトペック投法の村山実《むらやまみのる》さん。これは球の速さで選んだトップクラスだが、全盛期の金田さん、江夏は単に速いだけでなく、ズドーンって感じでストレートが伸びてきた。このストレートは分かっていてもなかなか打てるもんじゃない。金田さんの凄いときは指にボールが引っかかって、グワーッと球がうねる。私たちはこれをスネークボールと呼んでいた。素直な真っすぐではなかったのだ。一方、江夏はバッターの膝元に重くズドーンと来る。キャッチャーが捕ったときのミットの音が違った。軽い球だとパーンと乾いた音がするが、江夏の場合はずしりと重い音がした。球が重いと、なかなか長打にするのは難しい。最近では前田《まえだ》健太《けんた》や、開幕からの連勝記録、通年での連勝記録をともに樹立した田中将大《たなかまさひろ》が一流と呼ばれるが、金田さん、江夏の全盛時に比べたらまだまだ、びっくりするような球を持ってはいないと思う。

びっくりしたといえば、杉浦忠《すぎうらただし》さんのカーブ。私が入団した1959年（昭和34）に38勝4敗、勝率9割5厘、防御率1・40を記録したが、もう曲がり過ぎるってくらい大きく曲がるカーブだった。

こうしたトップクラスの選手たちは、持って生まれた素質を生かして各自に見合った技術を身に付け、独特のスタイルを築き、それを応用していったから「超一流」になれたのだ。

では、「超一流」といえるほどの素質を持っていない者はどうしたらいいのか。

●――宮本慎也は、打撃の素質は「一流半」だが、あくなき努力でカバーした。

「一流」になれる素質は、誰もが持っている。もし、今あなたが「一流」になり切れていないとしたら、それは本来持っている素質を生かしていないからだ。

たとえば東京ヤクルトスワローズで活躍し、2013年（平成25）シーズンで引退した宮本慎也《みやもとしんや》を例にとってみよう。オリンピックの日本代表キャプテンを務めたり、2012年（平成24）2000安打を達成したことは記憶に新しい。犠打のシーズン最多記録を作り、通算記録でも歴代3位につけている。しかし、彼はもともとバッターの素質としては2割そこそこの選手。素質的には「一流半」の選手だ。彼が入団して2年目、当時の野村克也《のむらかつや》監督から「ハリ、これを何とか2割7分、打てるようにしてくれないか。守備は抜群なんだが」と頼まれたことがある。宮本の1年目の打率は、67試合出場で2割2分。見たら、元巨人の土井正三《どいしょうぞう》みたいなタイプで、守備は上手いが、バッティングは非力でボールが前に飛ばない。だから、バットを短く握り、来たボールにぶつけろ、おまえに長打はいらないんだからと指導したことがある。そうしたら、翌年以降、レギュラーを獲得し、コンスタントに2割7、8分を打ち、時には3割をマークするようにもなった。

べつに私の指導があったからじゃない。要は本人の努力。「所詮《しょせん》、俺は2割2分の選手、守備だけやっていればいいんだ」と開き直るんじゃなくて、自分自身の素質を最大限生かすように努力する。宮本はとにかく練習が好きで、40歳を超えても人一倍やっていた。「人に教えるのは、自分の勉強にもなるから」と、巨人の坂本勇人《さかもとはやと》と合同練習したりするほど練習の虫。その時はテレビの番組で、巨人のコーチに対して非礼になるから坂本に「喝！」を入れたが、宮本という選手はそれほど努力、努力、あくなき努力を続けてきた。その結果が、6回の3割超え、2000安打につながったのであって、けっして偶然ではない。

あるいは昔、阪急ブレーブスに高井保弘《たかいやすひろ》という選手がいた。彼は足が遅くて、レギュラーに定着できなかったが、代打で活躍し、ファンの人気を得てオールスターにも出場した。最後には代打で通算27本塁打の世界記録まで作った。彼がそこまで活躍できたのは、「俺は足が遅いけれど、バッティングでは絶対に負けない」と徹底的に努力したからだ。「どうせ俺はめちゃくちゃ足が遅いから」と諦めてしまったら、あれだけの記録は絶対に生まれなかった。

宮本のようにパワーがなかったり、高井のように足が遅かったりというのは、持って生まれたその人の素質だから仕方がない。でも、自分自身の長所・短所を冷静に見きわめ、持っている素質を最大限生かすように努力、研究するのは誰もができることだ。運・不運じゃない。何かが足りないから二軍に甘んじているのであって、だったらその足りない部分を、宮本のようにあくなき努力で補ったり、高井のように別の部分を徹底的に鍛えて技術を身に付け、磨いていけばいい。

そのための努力や研究を怠らずにしてほしい。「どうせ俺なんか、この程度」――という考えではけっして一軍には上がれない。勉強して、研究して、努力して、自分自身を鍛えて磨いて、みんな「一流」になってほしい。

第一章で詳しく述べるが、私は「一流」なるためには次の3つの「力」が必要だと考えている。

①自分自身の素質を生かし切るための正しい技術力

②その正しい技術を習得するための不断の努力

③努力し続けるための自己管理力

一般の会社員に例えるとしたら、プレゼン能力だったり、コミュニケーション能力だったり、事務能力、管理能力だったり、ビジネスに必要とされる能力はいろいろあるだろう。

私がここで強調したいのは、誰もが、自分なりの素質を与えられ、この世に生まれてきたのに、その素質を生かし切らなかったらもったいないということだ。そのために有効な努力の仕方、考え方を、プロ野球に関わって半世紀以上の経験や考察からひもといてみたい。

目次

はじめに　「一流」と「二流」を分けるもの――2

第一章　「一流」になる条件――23

鉄則1　自分の素質に合った〝正しい技術〟を知る。――24
松井秀喜がその素質を最大限生かし切ったら、三冠王に3、4回は輝いていたはずだ。

鉄則2　正しい技術とは、素質を生かす方法論である。――28
正しいバッティング理論は、ひとつしかないわけじゃない。

鉄則3　正しい技術かどうかは、いい指導者なら見きわめられる。――30
イチローには河村健一郎、落合には高畠康真。だが、清原和博はベストな指導者に巡り合えなかった。

鉄則4
努力は自分でできるもの。運・不運とは無関係。――32
「なあ張本よ、稽古だ。強くなりたいからじゃないんだ。稽古が先なんだ」

鉄則5
徹底的に自分を追い込め。――34
「おまえを日本一の3番打者にしたい。だから右手を鍛え抜くんだ」

鉄則6
努力は量ではなく、質が大切。――38
練習で重要なのは「何本振った」「何時間やった」ではなく、
「どうなりたいのか」をはっきりと頭に描くことだ。

鉄則7
理屈や理論は準備できるが、対応力は練習でしか作ることができない。――40
理屈ではない。振って、振って、振りまくった人だけができる技がある。

鉄則8
「一流」になるには自己管理を徹底せよ。――42
結果を出すには、何かしらの我慢と犠牲が必要だ。
それまでと同じ生活をしていたら、結果なんて出るわけがない。

鉄則9
すべてを我慢しようとすると、長続きしない。――46
好きなものが3つあるとしたら、ふたつは我慢するが、
残りのひとつだけは自分への褒美とする。

鉄則10
肝心な時に我慢できるかどうかが、一流と二流の分岐点となる。――48
初代若乃花関は朝帰りの後、自分を責めるように稽古した。

第二章 「一流」の思考法――51

鉄則11
繊細で神経質なほうが「一流」になる。――52
一流と呼ばれる選手はみんな神経が細かくて臆病。相手が怖いから、必死になって練習する。

鉄則12
慢心は失敗のもと。――56
〝天狗〟になっていたから、元に戻るのに2年かかった。

鉄則13
あくなき探究心は成長の糧だ。――60
日本だけでなくメジャーも含め、１００人以上のバッティング理論を勉強し、その中から自分に合ったものを見出した。

鉄則14
分からないことは、素直に教えを乞う。――62
打撃理論を聞きにライバルチームの選手のもとまで足を運んだり、王の師匠である荒川博さんに弟子入りしたこともある。

鉄則15
周囲の目、言葉に惑わされるな。——64
「セーフティーバントなんて卑怯だ」
外野からの声の前に、〝夢の4割〟を逸してしまった。

鉄則16
追い込まれた時こそ、考え抜け。——68
「1日に4安打なんて無理」と諦めていたら絶対に達成できない記録だった。

鉄則17
変わる勇気を持て。——70
「俺はこのフォームで打ってきたのに、なぜ変えるのか？」
過去の実績にこだわる松井の意識が変わるのを、
長嶋監督は辛抱強く待つことにした。

鉄則18
自分の持ち味を磨くことに徹する。完璧になる必要はない。——74
イチローは、20年以上、ヒットを打つことに専念し、
ホームランなど余計な欲を持たなかったから
あれだけの大記録を達成できたのだ。

鉄則19
自分が必要とされている部分を知れ。——78
宮本慎也は、もともと守備力に定評があった。
その基本を見失わず、欲張らなかったことが成功の秘訣だ。

鉄則20 周りはライバルばかり。プロなら厳しい目を持て。――80

先輩に嘘を教えられても不思議と腹は立たなかった。これがプロの世界なんだと、むしろ納得した。

鉄則21 「一流」は孤独なもの。誰も助けてくれないという覚悟を持て。――82

いくら親友だからといって、ホームランの打てない王を「そのうち出るよ」と気軽に励ますことはできなかった。

鉄則22 自分だけの勝負データを持て。――84

現役時代につけていた野球ノートは、私にとって貴重な資料。親友の王に見せようとしたら「俺はいらないよ」と言った。

鉄則23 チャンスの場面では逸ることなく、かつ慎重になり過ぎず。――86

「読み」と「ヤマ」は、まったくの別物だ。

鉄則24 必死にならないと結果は付いてこない。――90

くさいボールをわざとカットする? とんでもない。1球1球、必死に当てにいっただけだ。

鉄則25　どんなに苦しくても逃げたら終わり。――92
バットマンはバットを振り込むことでしか状況を打開できない。
遊びの誘惑に負け、酒に逃げた多くの選手が潰れてしまった。

鉄則26　自暴自棄になったらおしまい。――94
甲子園への道が閉ざされて、自殺を考えた時、
「勲ちゃん、やめなさい」
という母親の声が聞こえた。

鉄則27　もう二度とやりたくないと思えるほど徹底して打ち込め。――98
引退した時、「ほっとした」というのが正直な気持ちだった。

第三章　「一流」の育て方――103

鉄則28　一流の指導者は「眼力」を持つ。――104
甲子園優勝投手の王は、入団して2週間で
「プロで通用する速球じゃない」
と打者転向を言い渡された。

鉄則29 〝押し付け〟は指導者失格の証し。──108
プロ野球界にはダメな指導者もじつに多い。
それには4つのタイプがある。

鉄則30 指導者は答えを教えるのではなく、解き方を教える。──112
どうしたらボールから目を離さなくなるのか、
ポイントを教えないと選手は育たない。

鉄則31 指導はポイントを分かりやすく、的確に伝える。──116
100の言葉より、創意工夫ある指導。
秋山幸二の打撃開眼にひと役買った「かまぼこ板コーチング」。

鉄則32 指導はしつこく徹底的に。──120
日本で基本フォームを固められなかった松井秀喜は、
アメリカに行ったら、また右足を上げる悪い癖に戻ってしまった。

第四章 「一流」の組織論──125

鉄則33 一流の組織は一流の指揮官によって作られる。――126
勝つための4条件すべてを兼ね備えているのは、三原、水原、鶴岡、川上。この4人の名将以外は思い浮かばない。

鉄則34 指揮官は勝つための戦略を持たなければいけない。――130
指揮官が采配ミスをすると、3点リードしていても選手は「いつか逆転されるのではないか」と不安になる。

鉄則35 一流の組織にチームプレーは必須条件。――134
「個人が成績を上げれば給料が上がると思っている。だが本当は、チームが勝たなくては意味がない」と、水原監督は繰り返し説いた。

鉄則36 指揮官は選手を納得させなければいけない。――138
こんな生意気な若造でも、丁寧に説明してくれた水原監督の真摯な姿勢が私に冷静さをもたらした。

鉄則37 新人もベテランも関係なく、チームプレーを徹底させる。――142
「ベテランのおまえがサインを見逃してもいいとなったら、誰も守らなくなる」と、長嶋監督は怒った。

鉄則38 勝つための戦略には裏付けがある。——146
長嶋采配は「カンピュータ」とよく揶揄されたが、
私にはよく考え抜かれた当然の作戦だと思えた。

鉄則39 指揮官は孤独に耐えるもの。——148
全身全霊、魂を込めて戦況を見つめていた水原監督は、
試合後、トイレで吐くほどプレッシャーを感じていた。

鉄則40 時には非情にならないと一流の組織は作れない。——152
川上監督は、ベンチに座るだけでグラウンドボーイまでが
ピリッとするほど、怖がられた存在だった。

鉄則41 一流の組織には常に競争がある。——156
〝捨て駒〟さえも上手く使いながら、川上監督は
常にレギュラー陣が慢心しないように刺激を与え続けた。

鉄則42 一流組織は適材適所で人材を配置している。——158
川上監督は、主役であるＯＮと、
そこにつなげる名脇役たちを絶妙に配置したからこそ、
９連覇という偉業を達成できたのだ。

鉄則43 隠れた逸材を見抜くことは、指揮官の重要な仕事だ。――160
若き落合に代打を送ろうとした
山内監督を引き留めたことがある。

鉄則44 一流の組織には一体感がある。――164
巨人の選手は、ファンの期待を裏切ってはいけないことを
徹底的に叩き込まれていた。

鉄則45 一流の組織は最後まで諦めない。――168
万年Bクラスに甘んじているチームは、
6月頃にはもう優勝を諦め始めている。

鉄則46 指揮官に重要なのは、情熱と冷静さのバランスだ。――170
2連敗しても酒盛りに興じる選手たちを見て、
「こいつらのくそ度胸に賭けてみるか」と、
水原監督はバカ騒ぎを止めなかった。

鉄則47 誤った放任主義は組織をダメにする。――174
三原監督は、一見「放任主義」を謳ったが、
暗黙のプレッシャーを選手にかけ続けていた。

鉄則48　指揮官の言動がやる気を引き出す。――176
アキレス腱を3回断裂。それでも「鶴岡親分のため」と
森下さんは全力疾走し続けた。

鉄則49　指揮官も成長しなければいけない。――178
韓国の野球チームで1年間、苦労してきたことが、
伊東勤監督を大きく成長させた。

鉄則50　ここ一番の大勝負には度胸を据えよ。――180
現役時代は名選手でも、監督になったとたん、
ベンチから逃げ出したり、冷静さを失うダメ指揮官はたくさんいた。

鉄則51　まずは理想の組織をイメージせよ。――184
私は慎重で疑り深い性格だから、もし監督を引き受けるとしたら
川上監督のような守備重視のチームを作るだろう。

第五章　一流組織の名参謀論――189

鉄則52　一流の指揮官は一流の参謀を呼ぶ。――190
川上監督には牧野、鶴岡監督には蔭山、そして水原監督には西村。
一流のチームには名参謀と呼ばれる人たちがいた。

鉄則53　名参謀の仕事は〝材料〟を厳選して並べること。――192
名参謀は監督の考え方、戦略、好みをよく理解し、
誰よりも野球を熟知した人物のことである。

鉄則54　名参謀は指揮官に代わって組織をフォローする。――196
監督に威厳を持たせる一方で、参謀がフォローに回る。
川上監督と牧野ヘッドコーチは理想的な関係を築いていた。

鉄則55　参謀に色気は禁物。――198
ナンバー2が「次は俺だ」と〝色気〟を出し始めると、
どんなに強いチームもたちまち弱体化する。

おわりに　「一流」への道――202

第一章

「一流」になる条件

第一章 **鉄則**

1

自分の素質に合った〝正しい技術〟を知る。

松井秀喜がその素質を最大限生かし切ったら、三冠王に3、4回は輝いていたはずだ。

「はじめに」でも言ったが、**人にはそれぞれ持って生まれた素質がある。**プロ野球の世界に身を置いていると、そのことを意識することが多い。では素質に見合った技術をどれだけの選手が身に付け、己の素質を生かし切っているかというと、これが意外と難しい。多くの選手が自分に合った技術を身に付けられず、間違った技術のままプレーしているケースが多いのだ。

その意味で、持って生まれた素質を生かし切れず、もったいなかったと私が思っている代表格が松井秀喜《まついひでき》だ。巨人、ニューヨーク・ヤンキースで活躍、日本シリーズ、ワールドシリーズを制し、国民栄誉賞まで受賞した松井がどうして、と疑問に思う読者もいるだろうが、私からすれば、**松井が本当に正しいバッティング技術を身に付けていたら、彼の成績はあんなものではなかったはずだ。**日本のプロ野球の歴史は80年近くあるが、松井の持っていた素質はその中でも一番。まさに100年にひとりの逸材。少なくとも私の半世紀以上のプロ野球生活で直接目にした中ではピカイチ、王や長嶋さんの比じゃない。もうひとり、清原和博《きよはらかずひろ》も同じように素晴らしい素質を持っていて十分に生かし切れなかった。このふたりの素質は本当に凄い。それは確かだ。

私のようなバッティングの専門家から見ると、その人の素質というのは30分くらいずつ4、5回バッティングを見ればだいたい分かる。身体のパワー、腕力、腰の強さ、背筋、手首の強さと柔らかさ、そして何よりボールをバットの芯に当てるタイミングの取り方など。松井と清原はそういったバッティングに関する素質と才能が抜群なのだ。タイミングの取り方にしても、ふつうなら芯に当たらないようなコースでも、上手く合わせて当てることができる。なんぼ当てようとしても、ふつうは当てることができないのだから、これはもう天性のものとしか言いようがない。

それだけに松井が正しい技術をきちんと身に付けて打っていたら、と思うとつくづく残念でならない。とくに私は彼が新人の頃に2回、臨時コーチとして当時の長嶋監督から頼まれたからなおさらだ。

もう何度もいろんなところで話しているが、彼の最大の欠点は構えた時にピッチャー側の右足を上げ過ぎること。なぜ駄目なのか。それは打つ時に右足を上下させることで、頭が動き、目線が上下に動いてしまうからだ。視点が上下すれば、縦の変化に距離感が合わなくなり、結果、凡打になってしまう。

長嶋さんも私と同じ意見だった。今のままなら2割6、7分の6番バッターになってしまう。たまにはホームラン王を獲るかもしれないが、まあ1、2回程度。でも彼の素質を考えたら、巨人の4番として三冠王を3、4回は獲らせたい。3割7、8分は打って、60本ぐらいホームランをかっ飛ばす。世界の王貞治を超えるバッターになってほしいから、とにかく右足の上下動を直したかった。だからキャンプで徹底的に「すり足打法」に改造しようと教えたのだが、これがなかなか上手くいかなかった。

そもそも彼が、構えた時に右足を上げるのは、ボールを遠くに飛ばそうと力いっぱいスイングしようとするからだ。多くのバッターがそう思って足を上げるが、そもそも松井は足を上げなくてもボールを遠くへ飛ばすだけのパワーと素質を持っている。入団した時、彼のフリーバッティングをキャンプで見たが、もの凄い打球をかっ飛ばしていた。こんなヤツがいたのかと思うくらいだった。それもまた天性の素質なのだ。いくら飛ばそうと思ったって、普通はなかなかあんなに打球を飛ばすことはできない。だから、これ以上、遠くに飛ばそうと右足を上げる必要はないと思った。

結局、松井は「すり足打法」を身に付けることができなかった。一時、長嶋監督の指導もあって右足の上下動が小さくなり、ホームラン王を3回獲ったが、アメリカに行ってまた元に戻ってしまった。

彼が正しい技術を身に付けていたらどんなことになっていたか、今でも夢に見るくらい、もったいなかったと思う。きっと日本でもメジャーでも球史に残る偉大な記録を残したに違いない。**人の成長を考えた時、正しい技術というのは、それほどに重要な要素なのだ。**

正しい技術とは、素質を生かす方法論である。

正しいバッティング理論は、ひとつしかないわけじゃない。

ただし、勘違いしてほしくないのだが、**正しい技術は人によって異なる。**松井にとって「すり足打法」が正しいからといって、他の選手にもそれが正しいとは限らない。たとえば、王の「一本足打法」。もともと彼はタイミングを取るのが下手で、ボールのミートポイントを一点に絞る必要があった。だから、荒川博《あらかわひろし》コーチと血の滲《にじ》むような練習を繰り返して、ようやく「一本足打法」を完成させたわけだが、それだけに誰もができるような打法じゃない。中日ドラゴンズで活躍した大豊泰昭《たいほうやすあき》を私が教えた時も、同じ理由でわざと右足を上げさせた。彼はパワーがあるが、王と同様、タイミング音痴で速いボールでも遅いボールでも同じようにスイングする。それではバットに当たらない。だから足を上げさせて、一点でバチーンと球を捉えるようにしたわけだ。

あるいは、イチローの場合。彼は上下動というより、前後動の大きい「振り子打法」でも、あれだけの打率を残しているわけだから、べつに確実性を上げるために右足の動きを止める必要がない。

このことでも分かるように、正しいバッティング理論はひとつしかないわけじゃない。人によって正しい技術は異なるし、それぞれの素質を生かす技術は異なる。まずは**自分の素質に見合った技術とは何か、それを知ることが肝心なのだ。**

第一章 **鉄則** 3

正しい技術かどうかは、いい指導者なら見きわめられる。

イチローには河村健一郎、落合には高畠康真。だが、清原和博はベストな指導者に巡り合えなかった。

もうひとりの〝もったいなかった〟代表格、清原和博の場合を考えてみよう。素材からいえば、彼も松井同様、素晴らしいものがあった。日本人選手で、右方向に場外ホームランできるのは彼以外いないんじゃないか、と思ったくらい凄い。だが結局、清原は打撃の主要3タイトルである本塁打、打率、打点王を一度も獲得できなかった。

理由は、ステップが広過ぎたからだ。だから、ヒザに余裕がなくなって、とくに変化球に対応できなくなる。いいバッターは必ずスタンスが狭い。イチローしかり、王だって1メートルなかった。清原が西武ライオンズに入団した時の打撃コーチは、土《ど》井《い》正博《まさひろ》。打者としては2452安打するなど超一流で、人間的にも素晴らしい男だ。しかし、清原に正しい技術を身に付けさせることはできなかった。とくに高卒選手の場合、なかなか自分で自分に合った技術を見きわめることはできない。王に荒川博、イチローには河村《かわむら》健一郎《けんいちろう》、落合博満には高畠《たかばたけ》康真《やすまさ》、私の場合は松木《まつき》謙治郎《けんじろう》さん。**みんないい指導者のもとで、その選手の素質を生かす正しい技術を身に付けている。**

一般社会でも同じだと思う。**成長するには、いい上司が必要だ。**だが、いい指導者に恵まれないこともある。これだけは運・不運で、仕方がない。もしいなかったら？詳しくは後述するが、**これはと見込んだ人物にアドバイスを求める**しかないだろう。いい指導者に巡り合うことがいかに大切か、ここではそのことを強調しておきたい。

第一章　**鉄則**

4

努力は自分でできるもの。運・不運とは無関係。

「なあ張本よ、稽古だ。強くなりたいからじゃないんだ。稽古が先なんだ」

プロ野球から話はそれるが、私の尊敬する昭和の大横綱、大鵬幸喜《たいほうこうき》氏のことを話したい。彼とは同い年で、一緒によく遊んだ仲だが、その彼が口癖のように言っていた言葉がある。

「なあ張本よ、稽古だ。強くなりたいからじゃないんだ。稽古が先なんだ。強さは後から付いてくる」と。

それほど大鵬関は稽古、稽古だった。かく言う私も、よく練習したと自負している。現役時代は、毎日300回の素振りを欠かしたことはない。それでも翌日の試合で打てることもあれば、打てない時もあった。**打てなければ余計に練習した。結果は必ず付いてくると信じて。**

よく「これだけ努力したから」と言い訳をする人がいる。「喝!」だ。その道のプロなら、努力するのは当たり前、**努力を自分に対する評価の基準にしてはいけない。**評価されるのは、あくまで結果だ。

大鵬関も親方になって同じようなことを感じていたのだろう。「これだけやったから」という気持ちの若手が多くなった。そうじゃない。まずは稽古。稽古をやって、やって、やり抜いたヤツだけが強くなる。そういう気持ちで自分を徹底的に追い込む。一流になるには、まずそれくらいの気概を持ってほしい。

5

徹底的に自分を追い込め。

「おまえを日本一の3番打者にしたい。だから右手を鍛え抜くんだ」

私がどれだけ自分を鍛え抜いたか、新人の頃の話をしよう。1959年（昭和34）、高校を卒業した私は、東映フライヤーズのキャンプに参加した。そこで恩師、松木謙治郎さんにお会いしたわけだが、松木さんは私のバッティングを見るなり、右手が弱いと見抜いた。私は子どもの頃、やけどで右手の小指と人差し指が掌《てのひら》にくっついてしまうほどの大ケガを負ってしまった。以来、左利きに変えた関係で、右手の握力が弱かった。高校時代もそれなりに鍛えていたつもりだったが、松木さんはそれでは不十分だと指摘した。

「いいか、張本、左バッターは右手がエンジンだ。両手でバットを握ってスイングすると、身体の正面までは左手で握っていられるが、そこから先、フォロースイングでは必ず左手が離れる。腕は左右同じ長さなのだから当然の理屈だろ。だから最後は右手で強く振り抜かなければいけないんだ」と、こんこんと諭された。

右手が弱いから、強い打球を打っているようでも途中からボールが失速する。それでも浪商時代はホームランバッターとして鳴らしていたから、自分では半信半疑だった。ただ「柵越えか？」と思った飛球が、フェンス際で失速してしまうケースが多かったのも事実だ。

「おまえを40本から50本ホームランが打てるバッターに育てることもできる。しかし、たとえ人より多くホームランを打てるバッターになっても、2割6、7分だったら怖くない。おまえには足がある。だったら**3割を超える中距離バッターとして相手に怖がられるバッターになれ。ピッチャーはホームランバッターより、そういうタイプのバッターを嫌がるものなんだ。**それには左右にライナーを打ち分けられるようにならないといけない。ライナーの延長がホームランになるんだ。**おまえを日本一の3番打者に育ててみたい。だから、右手を徹底的に鍛えるんだ**」

その言葉に納得した私は、それから右手を鍛え抜いた。毎日、昼のトレーニングを終えた後で、松木さんと特訓した。松木さんがトスを上げ、ボールがバットの芯に当たるインパクトまでは両手で、ボールを捉えた瞬間からは右手で振り抜く練習をした。100球、200球、300球……。来る日も来る日も300球、時には600球やった日もあったと思うが、10日くらいすると右手がしびれ握力がなくなってきた。右肩の付け根と右肘の内側の筋肉に激痛が走り、腕が上がらなくなって、歯磨きもできなくなった。

「松木コーチ、右手がしびれて、痛いんですが……」

「そうか、痛いか。痛くなるのは、その部分が弱いからだ。朝、起きた時に肩甲骨の下の筋肉が痛くなるくらいまで打ち続けろ。そうすれば強くなる」

今だったら、すぐに練習を止めて、病院に行って即検査、治療ということになるのだろうが、当時は「それなら痛くなくなるまで練習！」という時代だった。そう言われて練習を重ね、少々痛くても振り続けていると、不思議と痛みが薄らいでいった。筋肉も柔らかく、体力もあり、伸び盛りの年齢だったこともあるだろう。

キャンプも終わり頃になると、打球が自分でも違ってきたのが分かった。とくに左中間への打球は右手で押っ付ける（バットを押し込むようにして打つ）から、右手強化の効果が出た。ショートの上からグーンと打球が伸びていく！　**自分でもその変化が分かるから嬉しい。嬉しいから余計頑張る。その繰り返しだった。**

ちなみに、プロ野球でトスバッティングを最初にやり始めたのは、松木さんだったようだ。

私だけではない、金田さん、長嶋さん、王、トップクラスの選手は誰もが猛練習を繰り返した。みんな、そんなのは当たり前だという意識で自分を追い込んだ。

そのくらい努力しなければ、成長など望めないのではないだろうか。

努力は量ではなく、質が大切。

練習で重要なのは「何本振った」「何時間やった」ではなく、「どうなりたいのか」をはっきりと頭に描くことだ。

私は現役時代、毎日300本の素振りを欠かしたことがないと前にも述べたが、ただ漫然とバットを振っていたわけではない。

試合が終わって自宅に戻る。深夜、私は意識して電気を消した。漆黒の闇の中の一点を凝視する。すると真っ暗闇の中に1個の白いボールが浮かび上がってくる。いわば「心の中の白球」だ。その白球を目がけてバットを振る。翌日の登板が予想されるピッチャーのことは考えず、コースと球種だけを想像しながら、振る。すると、3、4年目くらいからだろうか、振った瞬間〝ビュン〟という空気を切り裂く音が聞こえるようになった。さらに絶好調時には、その空気を切り裂く音よりももっと鋭い音、〝ビュッ!!〟という音が、バットのヘッドが回り切った後、左耳のほうから遅れて聞こえるようになった。スイングのスピードが上がったという、好調の証しだ。

すると翌日の試合でも、打球が思った以上にグイーンと伸びていく。セカンドの頭上、ショートの頭上、それまで思いっきりジャンプすれば捕られていたような打球が、そのあたりから一段と加速して、勢いよくビューンと伸びる。それからは、その〝会心の音〟が私の毎日の素振りの目安となった。

「何本振ったから」あるいは「何時間やったから」という量ではなく、努力の質がいかに大切か、分かってもらえただろうか。

第一章 **鉄則** 7

理屈や理論は準備できるが、
対応力は練習でしか作ることができない。

理屈ではない。振って、振って、振りまくった人だけができる技がある。

よく試合後のヒーローインタビューで「身体が上手いこと反応してくれました」と話す選手がいるが、それも体に染み込むまで練習した賜物と言っていいだろう。前項で書いたような〝会心〟の素振りができるようになると、身体にスイングが染み込んでいるから、予期しない球が来ても、自然にバットが出るようになる。ど真ん中の球なんて、プロのピッチャーはそうそう投げてくれるものじゃない。このあたりに来ないかなあとコースを予想する。でも違った、アッ……、だが次の瞬間、バットが自分の手の延長のような感じで、自然に出ている。ヒット。

これはもう理屈ではない。そこまで**振って、振って、振りまくった人だけができる技**なのだ。

1980年（昭和55）、日本人初の全米オープンゴルフ準優勝の偉業を成した青木《あおき》功《いさお》氏も同じようなことを言っていた。クラブヘッドをトップに構える。瞬間、ちょっとおかしいなと感じる。どこか違和感を感じながら、クラブを振り下ろすと、インパクトの瞬間には修正できている。そういうことがあるそうだ。**日頃から、誰よりも質の高い打ち込みをしている**青木氏だからこそできる技なのだろう。

とくにスポーツの場合は、この瞬間の対応が必要になる。正しい技術が身体に染み込むまで練習する。そこまで努力しないと、努力する意味はないのだ。

「一流」になるには自己管理を徹底せよ。

結果を出すには、何かしらの我慢と犠牲が必要だ。それまでと同じ生活をしていたら、結果なんて出るわけがない。

「一流」になるには、①自分に合った正しい技術、②それを身に付けるための徹底的な努力が必要なことは述べた。最後は、**③その努力を持続するための自己管理力**について話そう。

いきなり艶っぽい話で恐縮だが、私は現役時代のシーズン中、女房と同じ部屋で寝たことがない。私は毎日素振り300本を日課にしていたが、寝室の枕元にバットを2、3本置いていつでも振れるようにしていた。試合が終わって、スタジアムから自宅に戻っても興奮しているから、なかなか寝つけない時もある。打てなかった時は悔しくて、打てた時でも、明日も打てるとは限らないから不安に駆られて、夜中にガバッと起きて、パンツ一丁でバットを振ったりした。真っ暗な部屋の中で、いきなり素振りをし出すわけだから、小さな娘たちが見たら、「お父さん、いきなりどうしたの?」って怖がるだろうし、若い時はワイフと一緒に寝ていると、やっぱりムラムラしてくる。でも、そこで逃げちゃダメなんだ。

バッターなんて、良くて3割。10回のうち7回も打ち損じているんだから、毎日、毎日、悔しいやら情けないやら。帰りの車の中なんて、悔しさや情けなさ、明日のピッチャーに対する不安で頭がカッカしている。首位打者を7回獲った私であっても、そうなのだ。時には酒に逃げたくもなるし、夜の銀座、六本木で遊んで憂さを晴らしたい気にもなる。先輩に誘われることもあるし、一軍で活躍して、お金を稼ぐようになったら、「まあ、今日ぐらいはいいか」という気の緩みも生じる。かく言う私も、そうやって遊んだこともあるし、現役時代は清廉潔白だったと言い張るつもりもサラサラない。だが、そういう経験をした私だからこそ言いたい。**「逃げちゃ、ダメだ」**と。

どんなに遊んでも、気を晴らそうとしても、**バットの不安や悔しさは、バットを振ることでしか払拭できない。**相撲だったら、四股を踏むしかない。もう泣きながら、四股を踏む。いっそ涙が出たら、なんぼ楽だろうと思いながら、バットを振る。だが、出る涙もない。不安で苦しくて、バットを振って、汗をかいて、シャワーを浴びて、「よし。これで少しは相手より上手くなっただろう」と自分自身に言い聞かせて、ようやくベッドに横になれる。ちょっとうつらうつらする。でも、また不安になる。また、起き上がってバットを振る。そうやって朝方5時、6時になる頃、ようやく眠ることができる。起きたら昼の12時。飯を食って、球場に行く。23年間の現役生活の間、シーズン中はずっとそんな毎日だった。

最近は切り替えも大切と言われるが、私に言わせれば、切り替えられるならこれほど楽な商売はない。切り替えられるはずがない。切り替えられないから、しょっちゅうバットを振る。**バットのことはバットで晴らすしかないのだ。**

今日のことは仕方がない、もう忘れて、また明日……。そんなことができたら、どれほど楽だったか。

トップクラスの選手は、みんなそうだったと思う。

400勝投手の金田正一さんと話をしていて、涙ぐんだことがある。まだ娘さんが幼かった頃、「私、パパに抱っこされたことがない」と言われて、とても辛かったそうだ。子どもにしたら、何気ないひと言だったかもしれないが、金田さん本人にしたら、抱っこした時、利き腕、手首、指、どこか傷めたらどうしようという思いで、抱きたくても抱けない。愛娘《まなむすめ》を抱っこしたくない父親がどこにいるだろうか。でも、万が一を考えて抱けない。その気持ちは、私にも痛いほど分かった。

結果を求めて努力をし続けるということは、その間、何かを犠牲にして我慢しなくてはならない。それまでと同じ生活をしていたら、努力して結果を出すことはできないだろう。

苦しい時もある。辛い時もある。それでも逃げないで、自分自身を管理しなければならない。自己管理できる者だけが、「一流」になれるのだ。

すべてを我慢しようとすると、長続きしない。

好きなものが3つあるとしたら、ふたつは我慢するが、残りのひとつだけは自分への褒美とする。

自己管理を徹底せよ、と前項で述べたが、**何から何まですべての欲望を我慢して、努力しろ、と言いたいのではない。**そんな修行僧のようなことをしたら、ふつうは長続きしない。持続することが目的なのだから、長続きできなくては意味がない。

私の場合は、何かひとつだけは自分への褒美として許すことにした。たとえばシーズン残り2カ月、首位打者を争っている、としよう。そんな時、私は好きなものからふたつを我慢するようにした。酒、女、麻雀……。その中から好きなもの上位ふたつは我慢する。その代わり、最後のひとつくらいは我慢しなくていいと。3つ全部我慢したら、死んだほうがいい、そこまで努力してどうするんだ、と思ってしまうからだ。自分は聖人君子じゃないし、繊細で臆病で弱い部分もある。だから、**自分への説得条件として、ここまでは我慢する、その代わりひとつだけは許そうと。**

王ともそんな話をよくした。いくらシーズン中とはいえ、ひとつくらいはリフレッシュできるものを自分に残しておかないと長続きしない、と。お互い、3つ目が何かは明かさないでいたが……。

要は、**いかに努力を持続させるか。そのための方法はいろいろある、**ということだ。

第一章 **鉄則**

10

肝心な時に我慢できるかどうかが、
一流と二流の分岐点となる。

初代若乃花関は朝帰りの後、自分を責めるように稽古した。

プロ野球に関わって半世紀以上になるが、その間には、自己管理ができなくてダメになっていった選手をたくさん見てきた。酒、女遊び……。プロ野球選手は活躍すればお金が手に入るから、誘惑も多い。だが、一流選手として活躍し続けるには、シーズン中は歯を食いしばって努力しなければいけない。その代わり、シーズンオフは腰が抜けるまで遊ぶ。その楽しみがあるから、我慢もできるわけだ。

要は、**肝心な時に我慢できるかどうか、成功・失敗の分かれ目はそこにあるように思う。**

プロ野球界では、青バットの大下弘さんの酒豪ぶりが有名だが、あの人は大酒を飲んだ翌日、必ず人より早くグラウンドに来て汗を流していた。そんな事実を誰も知らないから、豪快な遊びっぷりだけが評判になる。

相撲の初代若乃花《わかのはな》関もよく言っていた。遊んで朝帰りした後は、鉄砲から始まって、四股、申し合い、普段以上に余計に汗を流したと。そうやって自分を追い込んで、誘惑に負けた自分を責めたそうだ。なぜ、俺は遊んでしまったのか、このやろう、このやろう！　と。さすが、〝土俵の鬼〟と呼ばれた大横綱ならではのエピソードだ。

人間だから、完璧というわけにはいかない。我慢できなかったら、それで終わりではなく、その分余計に努力する。それもまた、長続きさせる方法だ。

第二章

「一流」の思考法

11

繊細で神経質なほうが「一流」になる。

一流と呼ばれる選手はみんな神経が細かくて臆病。相手が怖いから、必死になって練習する。

打者なら通算で2000安打以上、投手は200勝以上、あるいは250セーブ以上を達成した選手だけが入会資格を持つ「日本プロ野球名球会」。いわば一流中の一流が集う「名球会」のメンバーや、**トップクラスの選手を見ていると、精神的に共通のものがある**ことに気づく。

意外に思われるかもしれないが、私も含めて、みんな気が小さいのだ。**気が小さくて、繊細で臆病**だ。金田さんだって、長嶋さんだって、落合だって、みんなそう。神経が細かくて、相手が怖い。打てないんじゃないか、抑えられないんじゃないかと、もう内心はびくびく。だから、毎日コツコツと練習する。練習しないと気が済まない。必死になって練習して、「俺はここまで練習しているんだから」と弱い気持ちを奮い立たせ、いい意味で開き直る。遊びほうけて開き直るのは良くないが、**練習を積み重ねて開き直ることは必要だ。**もちろん打てない時もあるだろう。それでも、必ず打てる、そのために徹底的にバットを振るんだ、と自分に暗示をかける。「俺はこれだけやっているんだから、打てる!」と。そうやって、みんなトップクラスの選手になっていったのだ。

私は現役時代、いつもこう思っていた。4打数3安打したとする。たとえば、そのうち2本がホームランだったとする。打率、ホームラン、打点が上がるから、打者としては大成功の日だ。だが私は、そんな時でも、たまたまと考える。「相手の調子が悪くて、今日はたまたま打てた、でも明日、相手チームのエースが出てきたら、打てないかもしれない」。だから、そんな日は自宅に戻ってから余計にバットを振った。毎日300本の素振りを、350本に増やした。

野村克也さんが現役の頃の話だ。対南海ホークス戦で、私は4打数3安打した。そして迎えた5打席目。きわどいコースをストライクと判定されたので、「どこがストライクだ!」と、アンパイアに抗議したことがある。すると野村さんが、例のぼやきで「いったい、おまえはなんぼヒットを打ったら気が済むんや」と呟《つぶや》いた。すかさず、私は「うるせえ! 明日またヒットを打てる保証がどこにあるんですか」と食ってかかったことがある。

その試合でシーズンが終わるならまだしも、翌日、4打数でヒットなしの可能性だってある。そう考えたら、今日3安打したからといって浮かれてはいられない。翌日、ヒットを打てる保証がない限り、目の前の打席で1本でも多く打っておきたい。私は**好調時でも自分を疑い、その1打席に集中し、成績につなげてきた。**

逆に自分に慢心し、安心すると、思わぬところで足をすくわれることもある。名前はあえて出さないが、素質もあって、成績もそこそこ、顔が良くてスター性もあって球団も期待しているような選手が、ケガでその後の野球人生を台無しにしてしまうケースがあった。もともと身体が硬かったのかもしれないが、試合前のストレッチをおろそかにしたのだろう。スポーツ選手は細心の注意を払って、自分の身体のケアをしなければいけないのだが、つい面倒くさくなって柔軟体操を怠ったのかもしれない。だが結局、**慢心したツケはいつか自分に返ってくる。**

野球選手に限らない。角界でもプロゴルファーでも、囲碁でも将棋でも、大成する人は一見豪放磊落《ごうほうらいらく》に見えて、みんな繊細で、神経が細やかで、臆病な人ばかりだ。見た目には強面で喧嘩《けんか》っ早そうな印象を与えている私にしたって、繊細で神経質なのは一緒に生活しているワイフがよく知っている。不安だから、いつもバットを振っていないと気が済まないし、食事の途中でも10本、20本と振りに行って、また戻ってきて食事する。しばらくして「明日はあいつが投げるかも」と思い立つと、また席を立って、振りに行く。「ちょっと、食事の時くらい、落ち着いて食べたら」と、よく小言を言われたものだ。

勝負に生きる人は、とくに顕著《けんちょ》かもしれないが、一般の社会でも共通するところがあるのではないだろうか。自分の周囲をよく見渡してみてほしい。**仕事のできる人は、どこか繊細で臆病ではないだろうか。**

第二章 鉄則
12
慢心は失敗のもと。

〝天狗〟になっていたから、元に戻るのに2年かかった。

こうやって話をしていると、いかにも偉そうだが、私だって人間。今度は失敗した時の話をしてみよう。

高卒ルーキーで1年目からプロのスタメンを張っていた私は、2年目に3割を超え、3年目には3割3分6厘で初の首位打者を獲得した。4年目には水原茂《みずはらしげる》監督のもとリーグ優勝し、MVPを獲得、日本一にも輝いた。まだ22歳。給料はぎょうさん上がるし、優勝ボーナスももらって、ヨーロッパ一周旅行にも招待された。当然のように、天狗《てんぐ》になった。銀座に遊びに行けば、こんな顔でもようもてた。シーズンオフも日課の素振り300本は欠かさなかったが、そんな調子ではバットスイングに身が入るわけがない。普通は10本振って20秒くらい休む。それだけ真剣に振っていたのだが、その時は早く終わって遊びに行きたいから、パッパッパッパッと手早く済ましちゃう。ハイ、一丁あがり、さあ銀座、と心は早くもなじみのホステスのもとに。

案の定、翌年、**そのツケが成績に表れた。**ヒットが打てなくなり、2割8分という惨憺《さんたん》たる数字に終わってしまった。有頂天になっていた私の目を覚まさせてくれたのが、その年のオールスターでの王のフリーバッティングだった。王は前年に「一本足打法」を完成させ、初のホームラン王に輝いていた。王とは同い年で、入団の頃からリーグは違っても親しくしていたが、ひと足早くMVPまで獲得していた私は「甲子園では優勝投手のおまえのほうが上かもしれないが、プロでは俺のほうが上」という気持ちがあったのも確かだ。その時も、冷やかし半分で王の打撃練習を見に行った。

だが、彼の打球を見て、愕然《がくぜん》とした。カーンと伸びていく鋭い打球、伸びやかな軌跡、それに比べて自分は……と冷や水を浴びせられたように目の前が真っ暗になった。打球を見れば、その人がいかに練習してきたかが分かる。ポテンとセンター前にヒットを打って喜んでいる場合じゃない。後で王に聞いたら、**おまえも去年はそういう打球を打っていた**と言われ、余計にショックが募った。いつの間にか王に抜かれ、自分だけがひとり取り残された気がした。寒々とした孤独感に襲われ、宿舎に戻っても、友人、知人と遊びに出かけるチームメイトを横目に、部屋に籠《こ》もった。

そうして真っ暗な部屋で1本1本、真剣に素振りを始めたのだが、あのヘッドの後から遅れて聞こえてくる切り裂き音が、なかなかしない。あの音が、だ。調子のいい時でも、音が鳴るのは300本振って10本あるかないか。5、6本かもしれない。ふと鏡を見ると、背中の濶背筋《かっぱいきん》がげっそりと削《そ》げ落ちていた。目の前に、鍛え抜かれた逞《たくま》しい王の身体が浮かんだ。真剣に素振りをしてこなかったツケが、肉体まで蝕《むしば》んでいたのだ。そんな私に、あの〝ビュッ!!〟という鋭い切り裂き音が出せなかったのも無理はない。このままではプロで食べていけない……。本当の意味で不安感に襲われたのは、その時からだ。

以来、自宅はもちろん、遠征先でも夜の素振りをおろそかにしたことがない。**この1本の素振りをサボったら、またダメになってしまう。**その恐怖感、不安感で1本1本、全身全霊を込めて振った。10分、20分と続けるとクタクタになる。それでも振る。ようし、300本、いや待てよ、他の選手はもっと振っているかもしれない。それならあと20本、そうやって、2時間近く、時には400本振った時もあったかもしれない。

それでも、本来の打球を取り戻すのに2年くらいかかった。翌年には3割2分8厘をマークするが、次のシーズン、再び2割台に落ち込んだ。もし、あの時、4年目のシーズンオフに有頂天にならなかったら、この二度の2割がなく、15年連続3割という記録を達成できたかもしれない。そう思うと、現役を引退して30年以上たった今でも、自分の愚かさに悔しさが募る。

だが私は、王に気づかせてもらっただけ運がよかったのかもしれない。プロ野球界には気づくことなく、そのまま堕ちていった選手がごまんといる。**慢心や有頂天は、成長速度を鈍らせるだけでなく、いつの間にか堕落させてしまう。**気づくのが遅れてしまえば、それこそ取り返しのつかないことになっていたかもしれない。要注意だ。

第二章　**鉄則**

13

あくなき探究心は成長の糧だ。

日本だけでなくメジャーも含め、100人以上のバッティング理論を勉強し、その中から自分に合ったものを見出した。

鉄則3で、「一流」になるにはいい指導者との出会いも重要だと言ったが、といって、いくらいい指導者に「こうせい、ああせい」と言われても、それをただ鵜呑《うの》みにしてやっていたのでは成長はおぼつかない。自分でバッティング理論を**勉強し、研究し、これで間違いないと確信して練習しなければ、なかなか自分に合った正しい技術は身に付かないし、また応用もできないのだ。**

私の場合、松木謙治郎さんに「中距離バッター」として育てられたわけだが、だからといってホームランを打ちたくないわけではなかった。できるなら、ホームランも打ちたい。インコースを引っ張ってホームランにすることはできるが、アウトコースを流すのではなく、引っ張るにはどうしたらいいか。そのために、日本のプロ野球だけでなく、メジャーの指導理論も含め、100人以上のバッティング理論を勉強した。その中から、**自分に合ったものを自分で見つけ出した**わけだ。知り合いのカメラマンに頼んで、50人以上の連続写真を集め、フォームを研究したりした。今ならビデオを使うだろう。

成長には限界はなく、もっともっと意欲を持ち、そのための研究を怠らないようにしないといけない。最近は貪欲な探究心を持った選手が少ないようだが、もっとガツガツしないと、すぐに成長は止まってしまう。時間がもったいないではないか。

14

分からないことは、素直に教えを乞う。

打撃理論を聞きにライバルチームの選手のもとまで足を運んだり、王の師匠である荒川博さんに弟子入りしたこともある。

私たちが若い頃は、打撃の**アドバイスをもらいにチーム外の人に聞きに行ったりした**。プロ野球の場合、チームメイトは直接のライバルだから、なかなか教えてくれないが、他チームの選手やコーチは意外と教えてくれるものだ。私は同じ左打者で、打率を重視する田宮謙次郎《たみやけんじろう》さんや榎本喜八《えのもときはち》さん（ともに当時大毎オリオンズ）に、バッティング理論を聞いた。田宮さんは松木さんが教えた、いわば私の兄弟子。アウトコースの球を押っ付けることも引っ張ることもできたので、ぜひともその理論を知りたかった。また、バックスイングを取らない榎本さんのスタイルを応用できたとしたら、さらに打率を高められると思った。だが、それだと長打が出にくいということが分かり、結局、榎本さんには話を聞くだけで終わってしまった。

じつは、王から荒川博さんを紹介してもらったこともある。苦手にしていたアウトコースのボールを、いかに右中間へホームランにするか聞いたところ、右足のステップを5センチほどベース寄りに踏み出すといい、という指示をもらった。それからはアウトコースも長打できるようになったので、荒川さんの指摘は的確だったわけだ。

分からなかったら、遠慮せず、人に聞け。これも、私が実体験から得た貴重な教訓だ。ただし前項と同じで、聞いたからといって、全部採用するわけではない。その中から自分に合ったものだけを抽出する。**取捨選択が肝心**だということをお忘れなく。

第二章　**鉄則**

15

周囲の目、言葉に惑わされるな。

「セーフティーバントなんて卑怯だ」外野からの声の前に、〝夢の4割〟を逸してしまった。

分からないことは、積極的に人に聞け。聞くことは少しも恥ずかしいことじゃない。

そう思っていた私は田宮さん、荒川さんなどいろんな人に打撃テクニックを聞いたが、中でも一番役立ったのが、私と同じ左バッターのジャック・ブルーム（近鉄バファローズ）から教わったセーフティーバントだった。

こう見えても私は現役時代、16年連続2ケタ盗塁を記録したほど足が速かったが、高校までホームランバッターだったこともあり、セーフティーバントなんてしたことがなかった。だが中距離バッターとして首位打者を狙うとなると、そうはいかない。当時はハイレベルなピッチャーがそろっていたから、3割3分でも立派な成績なのだが、ブルームは1962年（昭和37）に3割7分4厘で私から首位打者を奪い、翌年も連続してタイトルホルダーとなった。

なぜブルームが高打率を残せるかというと、打てそうもない時は一、二塁間にポンとバントヒットを決めてしまうのだ。レフトの守備位置に就いていた私は、それを見ながら悔しくてたまらなかった。こっちは苦労して必死に、やっと1安打、2安打とやっているのに、向こうは涼しい顔をして、サッとバントヒット。セーフなら、同じ1安打なのだ。

そこで自分でもやってみようと思って、ブルームの打撃練習を見に行ったが、憎たらしいことに、私の目の前では絶対にやろうとしない。それなら直接聞こうと思って、通訳を通して頼んでみた。

断られるかと思ったら、意外にも答えはＯＫ。

「でもプロだから、タダでは嫌だ。東京に遠征した時、おいしいステーキをおごってくれたら教えてもいいよ」

ステーキひとつで極意を教えてもらえるなら、お安い御用だ。さっそく赤坂のステーキハウスに連れて行って、その場で教えてもらった。

「ふつう、バントをする時は、ピッチャーに正対するように前足を開いて構える。だがセーフティーバントの場合、左バッターの右足を早く開いてしまうと、内野手はバントを警戒して前に出てくるから、なかなか決めづらい。そこで、しっかりとスイングの構えを取って打つと見せかけて、右足の踵《かかと》を上げ、地面に着くと同時に左足をピッチャー方向に踏み出す。そして左足を軸足にして右足で第一歩を踏み出す」

ブルームが教えてくれた内容は実戦的で、やってみると、なるほど一、二塁間に上手く転がすことができた。一塁への走り出しも一歩から一歩半早くなり、おかげで打率をずいぶん上げることができた。21回試みて20回成功したシーズンもある。

１９６７年（昭和42）からは4年連続で首位打者のタイトルを獲得した。

ただマスコミなど、周囲の評判は良くなかった。ホームランを打てるのにセーフティーバントに逃げるのは卑怯だ、と。1970年（昭和45）は、私が大下弘さんのシーズン最高打率を塗り替える3割8分3厘4毛を記録した年だが、今でもセーフティーバントをやっておけばよかったと悔やんでいる場面がある。忘れもしない、9月16日の対ロッテオリオンズ戦だ。梅雨明けから打率を伸ばしていった私は、3割9分8厘まで達し、夢の4割目前、という日だった。ファーストは前田益穂《まえだますほ》。ブルームに教えてもらったセーフティーバントをやれば、確実にセーフという場面だった。だが娘まで学校で、「セーフティーバントで4割達成なんて卑怯《ひきょう》だ。おまえのパパは何だ」といろいろ言われて、だったら正々堂々と打ってやるわいっ、とつい開き直ってしまった。強振した結果は平凡なファーストゴロ。あの時迷わずにセーフティーバントをしていれば、一瞬でも4割に手が届いたかもしれない……。

セーフティーバントだって立派な技術。ちっとも恥ずかしいことじゃない。なのに、**つい周囲の目を気にしてしまった。そう思うと、今でも悔いが残る場面だ。**

16

追い込まれた時こそ、考え抜け。

「1日に4安打なんて無理」と諦めていたら絶対に達成できない記録だった。

ブルームに教わったセーフティーバントには、もうひとつ思い出がある。1970年（昭和45）のシーズン、10月18日の対阪急ブレーブス戦。この日、私は3安打すれば、大下弘さんのシーズン最高打率3割8分3厘1毛を塗り替えられると聞かされていた。そして3打席目で3本目となるヒットを放ち、一塁上で喜んでいると、毒島《ぶすじま》章一《しょういち》さんがベンチから走ってきて、「よく計算してみたら、4安打しないと新記録じゃない」と言う。えっ？　自分でもよく計算してみたはずなのに、まさか……。

第4打席凡退後、迎えた9回表の第5打席。マウンド上はリリーフの山田久志《やまだひさし》。通算284勝を挙げたアンダースローの大投手だ。この年、私は18打数2安打と山田に完全に抑えられていた。まして1日4安打となると、そう簡単には打てるもんじゃない。一計を案じていると、雨あがりでグラウンドはぬかるんでいて、ファーストは経験の浅い高井保弘なのに気づいた。そうだ、セーフティーバントだ。山田は内野手出身で守備も上手いが、高井の前に転がせば……。初球は打つ気満々で構えた。勝負の2球目。私は左足を踏み出すと、一、二塁間へ転がした。セーフ！　3割8分3厘4毛で新記録を達成した瞬間だった。

好投手から1日に4安打なんて無理、と諦めていたら、記録は生まれていなかっただろう。**最後まで諦めず、考えに考え抜いて策を講じる。**それこそが成功の鍵なのだ。

変わる勇気を持て。

「俺はこのフォームで打ってきたのに、なぜ変えるのか？」
過去の実績にこだわる
松井の意識が変わるのを、
長嶋監督は辛抱強く待つことにした。

本書でもたびたび触れるが、松井秀喜のことを考えるとつくづくもったいない素質だったと思う。彼には、新人の頃、長嶋監督に頼まれて10日間ほど、二度にわたって指導したことがあるが、結局、その短い期間では最大の弱点である右足の上下動を修正することはできなかった。

私の指導法、期間の短さにも問題があったかもしれないが、**本人の頑固さが災いした部分もあるだろう。**上半身の上下動の少ない「すり足打法」に変えようというのは、長嶋監督も一致した意見だったのだが、肝心の本人が納得しなければどうしようもない。

「大豊さんの時は足を上げさせたじゃないですか」

松井からはいろいろ言われた。その度に説明してきたつもりだった。

「大豊はタイミングの取り方が下手だったからだ」

「おまえはなぜ足を上げる？　遠くへ飛ばしたいからか。ジョー・ディマジオを見てみろよ。おまえより体力がないよ。しかも、彼はノーステップで打っている。それで、あれだけ遠くへ飛ばしたんだ。なぜだか分かるか。バックスイングの時にねじりを加えているからだ。足を上げると、さらにそこからねじりを加えることになるから、どうしてもバットの出がノーステップに比べて遅くなる。その分、打ち損じが多くなるんだ」

私は、ニューヨーク・ヤンキースで活躍した大打者の名前を引き合いに出して説得しようとした。

「理論は分かるけども、僕にはできそうもありません」

最後はそう言われた。そうなると、こっちとしては何も言えなくなる。

小さい頃から身体にこびりついた悪い癖を矯正するのは時間がかかる。 最初はなかなか上手く打てない。だからこそ、**本人が納得し、根気よく直していくしかない**のだが、「すり足打法」のタイミングの取り方に苦労する一方で、10日あまりの私の指導が終わって元の「一本足」に戻してみると、打てるようになる。当たり前だ。高校時代はそのバッティングフォームで通算60本以上ものホームランを打ってきたのだから。

本人にしてみたら、打てるのになぜ変えなければいけないのかと思うのも当然だろう。 18歳でプロの世界に入って、1日でも早く一軍に定着したい。わざわざ遠回りする必要などどこにあるのか。失敗したら、誰が責任を取るのか。そう思ったとしても無理はない。長嶋さんと私以外の周囲も、みんな同じような意見だったと思う。足を上げて打てるんだから、変える必要はないんじゃないかと。

私が帰る2日前だったか、長嶋監督も交えてさらに説得したこともあった。でも、ダメだった。最後は長嶋さんが、もう放っておこう、という結論を出した。本人が言うことを聞かないのだから仕方がないと。

長嶋さんは、松井を一軍で使いながら、本人の意識が変わるのを待っていたんだと思う。私が正式なコーチだったら、泣こうがわめこうが、悪い癖が直るまでは絶対に使わない方針も採れるのだが、長嶋さんはそうじゃなかった。**本人の気持ちが変わるまで、我慢して使った。**結局、2年半くらいたってからだろうと思うが、試合後、マンツーマンで松井を指導するようになった。2割8、9分、ホームラン20本台では、本人も納得できなかったのだろう。長嶋さんの熱心な指導があり、松井が巨人の4番として活躍したのは有名な話だが、確かにその頃の松井はいいフォームをしていた。あまり右足を上げなくなり、頭が上下する悪い癖は直っていた。

要は、**本人がいかに変わろうという意識を持てるかだ。過去を捨て、変わる勇気を持てるかどうか。本人が「一流」になりたいとどれだけ強く思えるか、そのために人の意見にいかに素直に耳を傾けられるか。**

松井を見ていてつくづく思うのは、そう気づくのがもう少し早かったら、ということだ。

18

自分の持ち味を磨くことに徹する。
完璧になる必要はない。

イチローは、20年以上、ヒットを
打つことに専念し、ホームランなど
余計な欲を持たなかったから
あれだけの大記録を達成できたのだ。

松井秀喜が変わる勇気をなかなか持てなかったと言うのなら、イチローはどうなのだ、**変わる勇気どころか、彼は自分のスタイルをけっして曲げようとしなかったじゃないか、**と思う読者もいるだろう。確かにイチローは「振り子打法」をけっしてやめようとしなかったし、当時のオリックス・バファローズ監督、土井正三《どいしょうぞう》から二軍に落とされても頑《かたく》なに守り続けた。私が監督でも、土井監督と同じようにしたかもしれない。上体を投手のほうへスライドさせながら打つ「振り子打法」は、打者の視線が大きく動くため、バッティングの常識からしたら考えられない打ち方だからだ。バッティングの専門家が１００人いたら、99人はこう言うのではないだろうか、「あれはダメだ。直したほうがいい」と。

　だが、イチロー本人とコーチの河村健一郎だけは違った。なぜか。それは、イチローにとって、あの打ち方がもっともタイミングが取りやすく、打ちやすかったからだ。もともとバッティングにおけるタイミングの取り方というのは、教えてできるものじゃない。本人の独特なリズム感で打つものだ。イチローは、ああやってピッチャー方向に動きながら打つほうがタイミングを取りやすいのだ。加えて彼は、おそろしく動体視力も良かった。動くボールを、動きながら捉えられるのだから。これは普通の選手が真似できるものではない。だから、**一般論としては不利な打ち方でも、イチロー**

には合った打ち方なのだ。そのことは、何より結果が証明している。

ひるがえって、じゃあ、松井の場合はどうなのか。確かに右足を上げたほうが本人は打ちやすいかもしれない。だが何度も言うように、彼の場合、右足の上下動が頭の上下動につながるという致命的な欠陥があったのだ。私がどれだけしつこく言っても、その癖は直らなかった。それ以外の素質、タイミングの取り方、スタンス、遠くへ飛ばす能力、どれをとってもピカイチだった。だから、頭の上下動さえ少なくできれば、バッターとしてとてつもない成績を残す可能性があった。その素質を見抜いていたからこそ、長嶋さんも私も「すり足打法」に変えようとしたのだ。

イチローの場合は変えないのが正解で、松井の場合は変えなければいけなかった。では、その違いはどこにあるのか。それは、自分の素質をどこまで生かし切っているかだ。イチローはどんなに難しいボールでもバットに当てる能力に優れ、打球を左右思ったところに転がし、足の速さを生かして安打にすることができる。その素質は、日本だけじゃなく、メジャーも含めてピカイチだった。だから、10年連続200安打という世界記録、また史上3人目の4000安打という大記録を達成できたのだ。

イチローは、ヒットを打つことだけを考えて、20年以上、ずっと野球をやってきた。己の進む道だけを見据え、ホームランを打ちたいとか、余計なことはいっさい考えな

かった。鉄則13で述べたように、あくなき探究心で、メジャーに行ってもどうしたらヒットを量産し続けられるかを求め、メジャーの重い球質に対応するために、振り子の振り幅を小さくするなど、バッティングを工夫してきた。だが、けっして余分な欲は持たなかった。もしイチローが、俺はバッティングの天才だから、今度はホームラン王を狙おうと欲張ったらどうなっただろうか。結果は火を見るより明らかだ。

それに対して松井は、彼の素質を十二分に生かし切っただろうか。少なくとも私はそう思っていないし、おそらく長嶋さんも同じ思いのはずだ。

イチローは日米通算4000安打を、第1打席でいとも簡単に達成した。つくづく不思議な男だと思う。私が3000安打を達成した時は、第1打席であと1本と迫りながら、2、3打席目は凡退だった。第4打席で阪急ブレーブスの山口《やまぐち》高志《たかし》からホームランを打って達成した。しかし、正直に言えば打てそうもなかったので、彼の速球を「1、2の3」で当てにいったのが、結果オーライとなった。イチローを見ていると、プレッシャーなんてとても感じていないようにあっさりと決めてしまったが、内心はどうだったのだろうか。

自分の素質はどこにあり、何が優れているのか。自分の生きる道はどこにあるのか。何を捨て、何に徹するか。それを見きわめることが重要なのだ。

第二章　**鉄則**

19

自分が必要とされている部分を知れ。

宮本慎也は、もともと守備力に定評があった。その基本を見失わず、欲張らなかったことが成功の秘訣だ。

自分の生きる道を見きわめるという意味では、宮本慎也を例に挙げてみるのもいいだろう。「はじめに」でも述べたように、**宮本はバッターとしての素質は「一流半」の選手だ。**入団当時は非力で、打球も飛ばず、2割2分ほどの素質だった。宮本が東京ヤクルトスワローズに入団して2年目のキャンプを訪れた私は、野村克也監督に、

「ハリ、あいつが2割7分打てたら、レギュラーで使いたいんだが……」

と言われたことをはっきり憶えている。わずか4、5日の滞在だったため、本人にはとにかく軽めのバットを短く持ってコンパクトに振れ、としか言えなかった。にもかかわらず、2年目に2割7分3厘と結果を出し、3年目からスタメンに定着した。

宮本がそれほど評価されたのは、もともと守備力には定評があったからだ。打球を捕りに行くのが速く、補球後のスローイングも無駄な動きがなかった。だからショートを安心して任せることができたが、さすがに2割2分の打率では使いにくいというのが、野村監督の本音だったわけだ。しかし、野球に対する態度も真摯《しんし》で、後輩にもいい影響を与える点が評価されていた。だから、宮本は**ほんの少しだけバッティングを磨けばよかった**のである。ホームランを狙う必要もないし、クリーンナップを打てるようにならなくてもいい。自分は守備の人。その**基本を見失わず、そこに何をプラスしていくのか。**宮本は、そうやって「一流半」から「一流」になった選手なのだ。

第二章　**鉄則**

20

周りはライバルばかり。プロなら厳しい目を持て。

先輩に嘘を教えられても不思議と腹は立たなかった。これがプロの世界なんだと、むしろ納得した。

「二刀流」大谷翔平《おおたにしょうへい》が高卒ルーキーで開幕スタメン入りし、北海道日本ハムファイターズでは、私以来54年ぶりということで話題になったが、彼が華々しく2安打で飾ったのに比べて、私の開幕デビュー戦は散々な結果だった。というのも、これにはちょっとした裏話がある。開幕戦の対阪急ブレーブス戦、ピッチャーはあの350勝投手、米田哲也《よねだてつや》さんである。こっちは高校を出たての若僧で、オープン戦でも対戦しなかったから、先輩に「どういう球を投げるピッチャーか教えてください」と聞いた。

「そうか。なら、カウントを取りにくる緩いションベンカーブがあるから、それを狙え。5球のうち2、3球は緩いカーブが来る。ストレートは速いから手を出すなよ」

「わかりました」

迎えたプロ初打席。1球目、ストレート。2球目、カーブだったが、甘くはなかった。たちまちこれで2ストライクと追い込まれ、3球目、ストレート。3球三振。ベンチに戻ると、岩本義行《いわもとよしゆき》監督から「おまえ、何を狙っていたのか!」と叱責された。「カーブです」と答えると、「バカヤロー。あいつは100球投げたら、98球はストレートなんだ!」と頭ごなしに怒鳴られた。だが私は不思議と、その先輩に腹が立たなかった。そうか、**これがプロの世界なんだ**と、むしろ納得した。**チームメイトは互いに競争し合うライバル**。そう気づかされた瞬間だった。

第二章　**鉄則**

21

「一流」は孤独なもの。誰も助けてくれないという覚悟を持て。

いくら親友だからといって、ホームランの打てない王を「そのうち出るよ」と気軽に励ますことはできなかった。

１９７６年（昭和51）、私は長嶋監督に請われ、巨人に移籍した。前にも述べたように、王とは同じ年生まれということもあり、親友であり、良きライバルとして互いに切磋琢磨《せっさたくま》してきたが、この年からともに優勝を目指すチームメイトとなった。

間近で見る王は、文字通り孤高の人という感じだった。この年、王は７００号ホームランを放つが、６９９号からの次の1本まではまさに生みの苦しみを感じさせる期間だった。日数にして20日間。それまで約3試合に1本の割合で打ってきた男が、オールスター戦をはさみ6試合、１本も出ない試合が続いた。遠征先でも黙々と素振りを続ける王に、いくら親友だからといって「大丈夫だよ。そのうち出るよ」と気軽に激励の言葉や優しい言葉はかけられなかった。ちょうどその頃、私も調子が悪かったので、遠征先の旅館で隣の部屋同士でひたすら素振りをした。試合後、真夜中12時頃から振り始めて、ふと気がつくとふたりで明け方の5時まで振ったこともあった。もちろん、休み休みだが。それでも、翌日の試合で打てるとは限らない。

20日目に、王はようやく７００号を放った。**いくら苦しくても、誰も助けてやることができない。**自分でバットを振り込み、練習を重ねて、**俺は絶対にやれるんだと強く自分に言い聞かすことで乗り切るしかない。**会社でも、トップは孤独なものという。その孤独に打ち勝つ強さを持っていないと、「一流」にはなれないのだ。

22

自分だけの勝負データを持て。

現役時代につけていた野球ノートは、
私にとって貴重な資料。
親友の王に見せようとしたら
「俺はいらないよ」と言った。

私は現役時代、ノートをつけていた。つけ始めたのはプロ入りから3年目、首位打者のタイトルを獲り、相手投手のマークもきつくなっていた頃からだ。「このままではまずい」と思い、ピッチャーのちょっとした癖などを書き記していた。振りかぶった時、グラブのちょっとした隙間からボールのマークが見えたら変化球とか、見えなかったらストレートとか、サインを見て舌で唇を舐《な》めたらストレートとか、そんな内容だ。その癖を見つけようと、ベンチにいてもピッチャーの観察に余念がなかった。

ピッチャーが次に投げる球種が分かれば、当然ヒットを打ちやすくなる。それは私にとって〝門外不出〟の貴重なデータで、誰にも見せることはなかったし、現役引退と同時にトロフィーと一緒に処分したので今では残っていない。巨人に移籍した時、親友の王にだけ見せようとしたことがあった。だが、彼は「いらない」と断った。自分は来た球で勝負する、そのほうが無心で打てる。余計な情報があると逆に力んでしまうからと言う。さすが、世界の王。それだけ自分のバッティングに自信を持っていた証拠だ。長嶋さんも、来たボールを無心で打つタイプだった。

人にはそれぞれ独自の勝負スタイルがある。要は自分には何が必要で、何が必要でないのか見きわめること。とくに現代は情報社会だ。いろんな情報の中から、**必要なものだけを取捨選択できるようになるのも「一流」の証しだ。**

第二章　**鉄則**

23

チャンスの場面では逸ることなく、かつ慎重になり過ぎず。

「読み」と「ヤマ」は、まったくの別物だ。

次はどんな球種でどんなコースに来るのか。それが分かっていればバッターはずいぶんヒットが打ちやすくなる。王や長嶋さんのような無心で来た球を打つタイプは別として、ほとんどのバッターはバッテリーの配球を「読む」という行為が重要になる。

ただし、ここで説明しておかなければならないのは、**「読み」と「ヤマ」は別物**だということである。よく「ヤマ」を張ると言うが、「ヤマ」はここにこんなボールが来ると信じ、それ以外の可能性を排除してしまうことだ。

一方、「読み」とはこういうことだ。この状況でこのピッチャーだと、このあたりのコースにこんな球種を投げてきそうだと予想するが、当然外れる可能性もある。予想が外れた場合も考えて、その時の余裕も残しておく。7、8割方、ここにこんな球種が来るだろうと予測するのが「読み」だ。

具体的に話したほうが分かりやすいだろう。

たとえば、同点で迎えた試合終盤、1死満塁のチャンスで打順が回ってきたとしよう。ここで打てたら、ほぼ勝敗が決定するという場面。バッターからしたらおいしい場面だ。外野フライでも1点入る。犠打だから打率は下がることなく、打点は上がる。ヒットなら、なおいい。

現在、横浜DeNAベイスターズの監督を務める中畑清《なかはたきよし》は、そんな場面だとよくこう考えていた。

「あのピッチャーはここに投げてくる（＝ヤマを張る）、それを俺がパーンと左中間に打って、一塁を回って、二塁へさっそうと滑り込む。その間に走者一掃で3点入る。俺はセカンドのベース上でガッツポーズ！　ヒーローインタビューで何て言おうか」

って、まだ何も結果が出ていないうちに、中畑の顔はもうニタついている。ところが実際は、難しいボールに手を出して平凡なショートゴロで6－4－3のダブルプレー。おかしいなって頭を抱えている。

いかにもノーテンキで楽天主義者の中畑らしい話だが、おかしいのは自分勝手に考えているおまえのほう。何の根拠もないのに、ここに来るといいなと、希望的観測でいい結果ばかり予想してヤマを張っている。

といって慎重過ぎるのも良くない。3ボール1ストライクや、2ボール1ストライク、あるいは初球で甘い球を見逃したりする。それは絶対に見逃してはいけないボールだ。野村克也さんなんてピッチャーが投げた瞬間、バッターボックスの後ろからキャッチャーマスク越しに「あっ」と声を出すこともあった。完全なピッチャーの失投。ところが、慎重なバッターは後でもっといい球が来るんじゃないかと勝手に思い込んで手を出さない。**そんな甘いボール、もう二度と投げてくれるはずがないのに。**

トップクラスのバッターはこう考える。たとえば落合博満の場合。どのコースでも、打てる自信があるから、初球の狙いは7、8割方ストレート。予想通りストレートが来たら手を出すし、変化球だったら甘いコースでも99パーセント見逃す。そうやって好きなボールだけに的を絞ることで、いつの間にかピッチャーのほうにプレッシャーがかかってくる。このボールを見逃すのか、次は？　えっ、また見逃した。そういう感じで見逃されると、ピッチャーとしては気持ち悪くなる。ヘビに睨《にら》まれたカエルのようだ。2ストライクからでも打てる自信のある落合ならではのスタイルだ。

これが原辰徳《はらたつのり》のように、スライダーが苦手だという意識を持っていると、初球の変化球を自信を持って見逃すことができない。追い込まれてスライダーを投げられ、引っかけてしまうよりはましだと考えるからだ。だから、多少無理してでも手を出してしまう。無理するから、凡打になる確率も高くなる。

チャンスだからといたずらに逸《はや》ることなく、楽観的に考え過ぎることなく、といって慎重過ぎてもダメだし、自分の弱点を怖がっていても、いい結果は望めない。**チャンスでも泰然自若と構えていられる。そのためには、日頃から自信を深められるように自分を磨き続けることがいかに大切か、**分かっていただけただろうか。

第二章 **鉄則** 24

必死にならないと結果は付いてこない。

くさいボールをわざとカットする？
とんでもない。
1球1球、必死に当てにいっただけだ。

逆に、追い込まれた時、バッターはどんな心境でいるのか。

よく2ストライクを取られた後、ストライクかボールかきわどい、いわゆる〝くさいボール〟をカットして逃げるというが、私自身はわざとカットしたことはない。追い込まれているから、「読み」と違うボールが来ても手を出さないといけない。もう必死で食らいついて何とかバットに当てた打球が、カットになっただけだ。空振りしたくない、見逃したくない、打ち取られたくないという思いで必死にバットに当てる。結果的にファールになり、次の球で勝負するわけだ。

あるいは、わざと空振りしてピッチャーを欺き、狙っている球種を投げさせる〝作戦〟があると言われるが、そんなことも私は絶対にしなかった。そもそも**バッティングは7割近く失敗するのに、誰がわざわざピッチャーに有利な状況をプレゼントするだろうか。**1球だって無駄にするわけにはいかない。誰もがそういう意識でバッターボックスに立っているはずだ。

前にも述べたように、自信を持って泰然自若と構えることは必要だが、それは必死さを失うことではない。1球1球に人生を懸ける。それがプロ。**無駄にできる球なんて1球たりともない**、その真剣さが好結果につながるのだ。

25

どんなに苦しくても逃げたら終わり。

バットマンはバットを振り込むことでしか状況を打開できない。遊びの誘惑に負け、酒に逃げた多くの選手が潰れてしまった。

鉄則8でも話したが、**どんなに苦しくても勝負の本質から逃げたら、もう成長は見込めない**と思ったほうがいい。そんな失敗例をたくさん見てきた。プロ野球選手は若くて、お金もふつうのサラリーマンよりはたくさんもらっているから、遊びの誘惑についい負けてしまう、あるいはあまりの辛さについお酒に逃げたというケースも腐るほどある。そして、そうやって逃げた選手の多くは潰《つぶ》れてしまった。

何度も言ってきたが、バットマンは所詮バットを振り込むことでしか状況を打開できないのである。ピッチャーならシャドウピッチングしたり、爪の手入れをしたり、柔軟体操をしたり。時には切り替えも必要と言う人もいるが、結局は勝負という本質に向き合うしかない、というのが私の考えだ。

監督が使ってくれない、上司が評価してくれないとふて腐れても仕方がない。ぶつぶつ文句を言う暇があったら、**1本でも多く素振りをし、努力をし、相手に自分を認めさせるしかないではないか。自分を使ったら試合に勝てる、成績が上がる、そう思わせるしかない。**

どうせ俺なんかと後ろ向きに考えたら、その瞬間に成長は止まってしまう。自分はできるとポジティブに考え、そのための努力を積み重ねる。**逃げている時間なんて、どこにもないのだ。**

26

自暴自棄になったらおしまい。

甲子園への道が閉ざされて、自殺を考えた時、「勲ちゃん、やめなさい」という母親の声が聞こえた。

もう50年以上も昔のことになるだろうか、私の高校時代の話を少ししたい。

私は野球を辞めようと思ったことが、じつはこれまでに二度ある。

最初は高校2年生の時だ。甲子園に出場してプロ野球選手になって、腹いっぱい肉を食べて、家族にも楽をさせてあげたいと思っていた私は、1956年（昭和31）、大阪の名門浪商に進学した。中学時代、エースで4番の私は広島県大会でも活躍したが、やんちゃが過ぎたこともあって地元広島の強豪校に進学できなかったからだ。浪商はその前年、春の選抜甲子園大会で優勝。野球部員は100人以上所属していたが、私は1年の終わり頃には4番に座り、ピッチャーとしても期待されていた。

ある時、巨人の水原茂監督が練習を視察に来られたことがあった。監督の中島春雄《なかじまはるお》さんと水原さんは陸軍で戦友だった。その時、高評価を得た私は練習後、水原監督から「高校を中退して巨人軍に入らないか」と誘われた。当時、巨人は左投手が足りず有望な新戦力を探していたという事情もあった。高校だけは卒業してほしいという父親代わりの兄の意見もあり、いったんは断ったが、私は嬉《うれ》しくてたまらなかった。

しばらくして、立教大学で杉浦忠さんとバッテリーを組んでいた高校の先輩の片岡《かたおか》宏雄《ひろお》さんがグラウンドに遊びに来られ、私に投げてみろと言う。願ってもないチャンスだ。すでにその日の練習で400球投げ込んでいたが、嬉しさのあまり片岡さんのミットをめがけ、さらに200球、300球と投げ込んだ。

ところが翌日、左腕がまったく上がらない。しまった、いくら何でも1日700球は投げ過ぎだと思った時は後の祭り。1カ月たっても左肩の痛みは治まらず、巨人入りの話も夢と消えてしまった。私はヤケになって中島監督に切り出した。

「もう野球を辞めたいと思います」

「なあ、ハリよ。野球はピッチャーだけじゃない。野手がいて、初めて野球になるんや。おまえにはバッターとしての才能もある。だまされたと思って、バット一筋でやってみんか」

今にして思えば、その時中島監督の説得を聞かず、ピッチャーに固執して野球を辞めていたら、3085安打の張本勲は生まれなかったということになる。

もうひとつは、これまであまり話してこなかったが、じつは私は当時の野球部長を刺して自分も死のうと思ったことがある。

当時、浪商は野球部員の暴力事件でたびたび対外試合を停止されていた。その停止処分も明け、2年の秋季大会でも府大会を制し、さあいよいよ3年。最後の夏の大会と意気込んでいた矢先、またもや上級生による下級生への制裁事件が発覚してしまった。その責任を取るという名目で、私と親友の山本集《やまもとあつむ》（後に画家として大成）が休部させられたのだ。私たちはその制裁事件にはまったく関与していない。にもかかわらず、野球部長は私と山本に休部処分を科すことで、代わりに大阪府予選の出場許可を得たのだ。私たちは身代わりのいけにえに差し出されたわけだ。

私が韓国籍ということも関係したのかもしれない。しかも許せなかったのは、私たちを退部処分ではなく、休部処分にしたことだ。退部ならば諦めもつくが、休部だから処分期間が明ければ野球部には戻れる。だが、明けるのは9月。肝心の甲子園大会はとっくに終わっているのだ。なまじ希望を持たせるやり方だった分、許せなかった。

「こうなったら部長を刺して、阪急電車に飛び込もうやないか」

ヤケになった私は、山本に言った。彼もその後、やくざの道を歩んだくらいだから、「分かった」と言う。その時、郷里の広島にいる母親の声が聞こえた。

「勲ちゃん、やめなさい」

母親の声がそう聞こえたような気がした。女手ひとつで育ててくれた母親を人殺しの母にするわけにいかない。そう思い、踏みとどまった。

私があえてこんな話をするのは、**どんなに理不尽なことがあっても自分の人生を見捨てなかったから今があると言いたい**からだ。時には人生に失敗し、絶望することもあるかもしれない。それでも自暴自棄になったら、おしまいなのだ。

もう二度とやりたくないと思えるほど徹底して打ち込め。

引退した時、「ほっとした」というのが正直な気持ちだった。

高校時代の話をしたので、今度は引退する時の話をしよう。

私は１９７６年（昭和51）に巨人に移籍し、その年と翌年にリーグ優勝し、長嶋監督を胴上げすることができた。日本シリーズは2年連続で阪急ブレーブスに敗れてしまったが、自分を評価してくれた長嶋さんへの恩返しはできたと思う。巨人には１９７９年（昭和54）まで在籍し、翌シーズン、ロッテオリオンズに移籍した。

本当は巨人で３０００安打を達成し、そのまま引退したかった。１９７９年シーズンが終わった時点で残り39本。日本のプロ野球では前人未到の記録なだけに、是が非でも達成したかった。ロッテへは重光武雄《しげみつたけお》オーナーの強い誘いで移籍することになったわけだが、巨人としても二枚看板である王・張本の「ＯＨ《オーエイチ》砲」の同時引退だけは避けたかったという事情があったようだ。実際は、私が移籍した１９８０年（昭和55）シーズン終了後に王は引退し、私はもう1年だけやって引退した。王は引退を発表した時、電話をくれた。

「ハリやん、悪いな。おれ、先に辞めるわ」

「どうして?」

「それがな、ファーストを守っていて、ピッチャーの牽制《けんせい》球が怖くて、それで決心した」

「分かった。おれはオーナーからもう1年だけやってくれと言われたから、あと1年やるよ」

そんな会話をしたことを憶えている。40歳を超え、身体はもうボロボロだった。ロッテに移籍した頃はもう走れなくなっていて、最後のシーズンは70試合に出場、35安打と23年のプロ野球人生で最低の数字しか残せなかった。

引退の2文字を最初に考え始めたのは、今まで苦もなく打てていた球がファールチップになってしまうことだった。1回や2回じゃない、30回も40回も、それまで打てていた球がファールチップになり、時には空振りをした。さらに目も悪くなり、左眼が中心性網膜炎にかかり、視力が落ち、物がゆがんで見えるようになった。レーザー治療という選択肢もあったが、結局、引退までだましだましだった。

だから、引退を決めるのに迷いはなかった。もう1年やりたいと言ったら、あるいは重光オーナーは許してくれたかもしれないが、やっていたらおそらく生涯打率が3割を切ることになっただろう。世界の王が3割1厘、長嶋さんが3割5厘、私は3割1分9厘。生涯打率を3割に乗せられたら「超一流」バッターの証し。加えて、私には世界でふたりしか達成していない記録がある。3割、500本塁打、300盗塁。私とサンフランシスコ・ジャイアンツの伝説的な名選手、ウィリー・メイズだけである。

引退した時、ほっとしたというのが正直な気持ちだった。もう十分にやった。もう一度やりたいかと問われたら、二度とやりたくないと答えただろう。この不自由な右手で、自分でも本当によくやったと思う。例年、キャンプから4月頃まで、冷たい季節は守っていて辛かった。ふつうは5本の指で包み込むようにボールを捕るが、私はグローブの薬指と小指の部分に特別の袋を作ってもらい、掌にぶつけるように補球していた。だからライナーだとバチーンと硬球が当たって、2、3分激痛が走る。いっそのこと素手の左手で捕ろうか思うほど、痛かった。もう二度と、こんな不自由な右手で野球をやりたくない。その気持ちは今も変わらない。

その右手のハンディを乗り越えようと努力したからこそ、3085安打できたんじゃないのか。よくそう言われるが、私はこの23年間の苦しみを味わっている。この右手はワイフにも娘にも誰にも見せたことがないが、一度だけ〝打撃の神様〟川上哲治さんにだけはどうしてもと請われて見せたことがある。その時、涙ぐみながら「おまえ、よくこんな手で……」と言ってもらったことで、私の苦労も報われた気がした。

もう二度とやりたくない、そう思えるほど私は徹底して野球に打ち込んだ。努力し、苦労した。あなたは、そう思えるほど今の仕事と真剣に向き合っているだろうか。

第三章

「一流」の育て方

一流の指導者は「眼力」を持つ。

甲子園優勝投手の王は、入団して2週間で「プロで通用する速球じゃない」と打者転向を言い渡された。

今度は指導者に関して話をしよう。一流選手を育てるには、一流のコーチが必要だということは鉄則3でも述べたが、では**一流コーチの条件**とは何か。

私は、**選手の素質を見抜く「眼力」**を最初に挙げたい。高校時代はホームランバッターだった私に、中距離バッターとしての素質を見抜き指導してくれたのは、松木謙治郎さんだった。もしあの時、松木さんが私の素質を見誤り、ホームランバッターのまま進んでいたらどうなっていただろうか。

指導者の「眼力」に関して、私が真っ先に思い浮かべるのは王のことだ。ご存じのように、王は1957年（昭和32）の春、早稲田実業の2年生エースとして選抜甲子園大会に出場し、3試合連続完封するなど目覚ましい活躍で優勝した。その年の夏の甲子園では2回戦で延長11回ノーヒットノーランを達成するなど、ピッチャーとして抜群の評価を得ていた。

その王が巨人に入団して、わずか2週間で打者に転向した。水原茂監督に打者転向を進言したのは、後のV9《ブイナイン》監督、コーチ就任1年目の川上哲治さんだったという。

今なら大変な騒ぎになるだろう。3年生の夏は東京都予選決勝で敗れ、甲子園に出場できなかったとはいえ、1年生の時から4季連続甲子園に出場した逸材中の逸材だ。どんな理由があるにせよ、しばらくはピッチャーとしてやらせてみるというのがふつうだろう。たとえば、1980年（昭和55）の夏の甲子園優勝投手、愛甲猛《あいこうたけし》は横浜高校からロッテオリオンズに入団した後の3年間、投手としてマウンドに上がり続けた。結局、1勝もできないまま4年目に打者へ転向したが、球団としてはとりあえず最初は投手として育てようとしたわけだ。もし投手としての3年間がなかったとしたら、愛甲はバッターとしてもっと成績が残せたかもしれない。そう考えると、指導者の「眼力」がいかに重要か分かるだろう。

話題の北海道日本ハムファイターズの「二刀流」大谷翔平の場合はどうだろうか。テレビ番組でも再三コメントしてきたが、私は「二刀流」には反対だ。**プロの世界は二兎《にと》を追って活躍できるほど甘いものではない。**では、ピッチャーとバッター、どちらがいいのか。せっかく160キロの速球を投げられる素質を持っているのだから、私はピッチャーでやるべきだと思う。現場のコーチなら、もっと細かく見られるから、よりはっきりと分かるだろうが、まずは大谷の素質がどちらに向いているのか、それを決めてあげるのが、指導者の「眼力」ではないだろうか。

話を王に戻そう。王のバッターとしての素質を見抜いたのは川上さんだった。川上さんが進言し、水原監督が決断した。春のキャンプで水原監督に呼ばれた王は、

「おまえ、明日からバッターをやれ。おまえのカーブはいいが、真っすぐはプロで

は通用しない」

と、いきなり打者転向を言い渡されたそうだ。本人もプロのピッチャーとしてはダメかなと感じてはいたが、まさかそんなに早く見切られるとは思わなかったという。しかもバッティングは高校生としてはいいものを持っていたが、タイミングの取り方が下手で、周りからもよく「三振王、三振王」とからかわれていたから、なおさらだろう。それなら右足を上げてタイミングを取ればいいのではとヒントを出したのは、当時巨人のコーチを務めていた別所毅彦《べっしょたけひこ》さんだったそうだ。こうして王は荒川博さんに預けられ、猛練習の末に「一本足打法」を完成させるわけだが、もし打者転向が1年遅れていたらどうなっただろうか。ひょっとしたら868本塁打の大記録は生まれていなかったかもしれない。

プロ野球の場合、コーチのひと言が選手の人生を大きく変えてしまうことがある。選手としての実働時間は短いから、最初の1、2年の持つ意味合いは普通の社会人以上に大きい。それだけに、選手の資質を見抜く指導者の「眼力」が重要になるのだ。サラリーマンの世界はそこまでではないかもしれないが、**いい上司が部下をいい方向に導く**ということはあるだろう。一流を育てるには、まず「眼力」を持つことを心掛けてほしい。

第三章 **鉄則** 29

〝押し付け〟は指導者失格の証し。

プロ野球界にはダメな指導者もじつに多い。それには4つのタイプがある。

では、どうすれば一流の選手を育てられるのだろうか。「一流の指導力」を考える前に、ダメな指導者の例を考えてみよう。そのほうが、逆に「一流の指導者」になるには何が必要か分かるだろう。私から見れば、プロ野球界にはダメな指導者もじつに多い。概《おおむ》ね、それは次の4タイプに分けられるようだ。

①経験・実績のない人は一部の例外を除いてほとんど指導者失格である

トップクラスの選手には、トップクラスにならないと理解できない悩みもある。一番いいのは**タイトルを何回も獲得し、その修羅場を潜《くぐ》り抜け、競争相手に競り勝った経験を持つ人。**そういう経験から、選手を指導したほうが共感も得られやすいし、理解もされるだろう。

昔、柴田勲《しばたいさお》がコーチをやっていた時、バッティングを教えていて「柴田さん、3割打ったことないじゃないですか」と言い返されたことがあったらしい。彼の教え方が悪かったこともあっただろうが、「おまえのバッティングは左肩が開いているよ」とか、「ステップした時、左のつま先が開いているよ」とか具体的に指摘し、その悪い癖を直して上手く打てるようになった時、初めて選手から信頼を得る。それも実績のひとつだ。要はいかに選手から信頼されるかが重要なのだ。「この人の言っていることは間違いない」、そう思ってもらうための実績だ。それには選手時代の肩書がないよりは、あったほうがいいに決まっている。「あの人の言っていることだから」と、選手も納得しやすい。ということは、ただ実績があるだけではダメだということも分かるだろう。単に「こうせい、ああせい」と言っただけでは選手は言うことを聞かない。つまり、

②自分の経験したことだけを拠《よ》り所にして教える指導者も失格である

選手が必要としているのは、自分の素質に見合った正しい技術だ。それは、必ずしも指導者と同じタイプとは限らない。にもかかわらず、**自分の経験したことしか教えられないと、その選手が本当に必要としている正しい技術を教えることができない。**結果、間違った指導で方向性を誤ってしまうのだ。

③ひとつの「型」にはめようとする指導者も失格である

これも同じ理由だ。イチローで「振り子打法」が成功したからといって、猫も杓子も「振り子打法」というわけにはいかないことは火を見るより明らかだろう。落合の「神主打法」も同じこと。何度も言うように、バッティングには正しい理論がひとつだけあるわけではない。**個々の素質に見合った正しい技術**で打つことが重要だ。そのためには前項で述べたように、鋭い「眼力」で選手の素質を見きわめることがまず必要になる。「一流の指導者」に求められる条件として、「眼力」を最初に挙げたのは②

や③の過ちを犯さないためなのだ。

④「ガッツ」や「根性」を謳《うた》い文句に精神論を強調する指導者も失格である

私がこう言うと意外に思われる読者もいるかもしれないが、私はバッティングは学問だと思っている。なぜこう打てるのか、どうしたらあんな打球をあの方向に打つことができるのか。そうやって「なぜ」を追究していったから、私は3085安打を打つことができた。それは長嶋さんにしても、王にしても、400勝投手の金田さんだって同じだと思う。**みんなこの「なぜ」を追究してきた。**そして、その正しい理論を自らの身体に覚え込ませなければならない。そのために人一倍努力するのだ。時には「根性」を入れて努力しなければならないことだってあるだろう。昨今の**体罰問題**によく表れているが、とくにスポーツの指導者はその「根性」だけをひとり歩きさせ過ぎたきらいがあるようだ。

要は選手をいかに納得させるか。とくに最近の若い人たちは、納得しなければやらない傾向が強い。だからといって、**自分の意見を強引に押し付けたり、「根性」や「気合」を前面に押し出したり、それで言うことを聞かないから暴力を使って無理強いしたりするのは、指導者の怠慢以外の何ものでもない。**まずはそのことを肝に銘じていたい。

第三章 **鉄則** 30

指導者は答えを教えるのではなく、解き方を教える。

どうしたらボールから目を離さなくなるのか、ポイントを教えないと選手は育たない。

前項のようなダメな指導者にならないためにはどうしたらいいのだろうか。「眼力」が必要なことはすでに述べた。それと同時に、**どんなタイプの人にも応用できる「理論」が必要**なことはもう明らかだろう。

私はバッティングが専門だから、バッティングのことに関して言うと、メジャーのものも含めて100人以上のフォーム、理論を研究した。その中から自分に合ったものだけを取捨選択したわけだが、逆に言えば、それ以外は自分とは異なったタイプの選手に応用できる理論でもあるわけだ。

具体的に考えてみよう。私は少年野球教室で子どもたちにバッティングを教える時に、次の6項目を具体的な基本フォームとして教える。

①10本の指でバットをしっかり握ること
②ステップを広くしないこと
③身体を開かないようにすること
④グリップエンドを上下させないこと
⑤打ちにいく時にバットの先をピッチャー方向に倒さないこと
⑥打った瞬間、打った後に、前足のヒザを突っ張らないこと

これはバッティングの基本であり、これができていないと「実践」「応用」には持ち込めない。このうち小学生には①から③までの項目を徹底させる。一度に6項目をすべてやらせようとしてもできないからだ。つまりこの6項目は重要度に応じて、①から順に並べてある。だから中学生以上でも①から③ができていなければ、まずは①から③を徹底させる。

①なんて当たり前のことじゃないか、と思われるが、最近の子どもたちはグリップエンドの指を1本、2本分余らせていることが多い。そのほうが握りやすいということのようだが、10本の指でしっかり握らないと、バットを全力で振ることはできない。全力で振ることができなければ、ボールを強く叩くことができず、結果、遠くに飛ばすことができない。遠くへ飛ばせないから、前足を上げたり、バックスイングを必要以上に大きく取ろうとしたりする悪い癖を身に付けることになる。だからこそ、10本の指でしっかり握ることはすべての基本であり、そこから始めなければいけないのである。

ところが、こうした基本を理解せずに、単に「強く振れ！」「強く振れ！」と繰り返してばかりいる指導者がいる。**強く振らなければいけないのは、誰にも分かっている。知りたいのは、どうしたら強く振ることができるのか**ということなのだ。まずは①がしっかりできているのか、もしできていないなら、10本の指でしっかり握らせる。

そうやって強く振らせることが重要なのだ。

「ボールから目を離すな」も同様だ。当たったら大ケガになりかねないボール、誰が目を離したくて離すだろうか。「打つ瞬間に顎《あご》が上がっているから、しっかり顎を引いて打ってみろ」とか、具体的に解決策を示してあげるのが本当の指導者だろう。

「肩の力を抜け」も同じこと。ダメなコーチは、結論だけ言って、「さあ、やれ、やれ」としか言わない。解き方をいっこうに教えようとしない。そのくせ、できないからと言って怒る。肩の力を抜くにはどうしたらいいのか。ヒザの力を抜けば、おのずと肩の力は抜ける。そのことを指導者自身が知らないから、いつまでたっても馬鹿のひとつ覚えのように「肩の力を抜け」とだけしか言えないのだ。

指導者が根本的な理論を知らなければ何も教えることはできない。個々の素質に応じ、その理論の中から必要なことを的確に教える。**答えを指摘することは誰にもできる。一流の指導者は解き方を教える。**そのためには、何より日々研究しなければいけないのは言うまでもないだろう。

第三章 **鉄則** 31

指導はポイントを分かりやすく、的確に伝える。

100の言葉より、創意工夫ある指導。秋山幸二の打撃開眼にひと役買った「かまぼこ板コーチング」。

プロ野球の世界では単に名前があるだけで、あるいは球団、監督に可愛がられているだけで指導者になったりすることがある。鋭い「眼力」を持たず、「理論」も研究していないから、ダメな指導者が多いのもうなずける。加えて、教え方が下手という人もいる。

たとえば、通算2271安打を放ち、大毎オリオンズのミサイル打線の中軸を担った山内一弘《やまうちかずひろ》さん。実績は申し分ない大打者だが、指導者としてはとにかくダラダラと講釈が長かった。それこそ1時間も2時間もバッティングの話が続く。選手にしてみたら、そんなに一度に言われても頭が混乱するだけ。結局、何が言いたかったのか分からないということになってしまう。**重要なのは、ポイントをいかに的確に分かりやすく伝えられるか。選手が理解、納得しなければ指導者としては失格なのだ。**

私は福岡ソフトバンクホークス監督の秋山幸二《あきやまこうじ》がまだ西武ライオンズの若手だった頃、打撃を指導したことがある。秋山は入団2、3年目にアメリカに三度短期留学し、1984年（昭和59）から一軍で試合に出始めたが、ケガのせいもあり、54試合出場4本塁打にとどまっていた。その年の秋、私は監督の広岡達朗《ひろおかたつろう》さんに呼ばれて、「秋山に20本ホームランを打たせたい。見てやってくれ」と頼まれたことがある。

「監督、20本じゃありません、彼は30本はいけます」

「えっ、ほんとか。さっそく頼むよ」

　こうして秋山の指導が始まった。彼の最大の欠点は前項で挙げたバッティングの基本（鉄則30参照）のステップを広くしないことができていないことだった。悪い時の清原、北海道日本ハムファイターズの中田《なかた》翔《しょう》と同じようにステップが広いために前足のヒザが突っ張って余裕がなくなり、変化球に柔軟に対応できないでいた。そこでどうしたか。

　私はかまぼこの板に10本くらい釘を打ち付け、尖《とが》った先を出したまま、彼が前足をステップして下ろす位置に置いた。当然、秋山は足をケガしたくないから、以前の位置よりも手前に足を下ろすようになる。ステップを狭くしなければいけないわけだ。ところが長年身体に染みついた悪い癖はそう簡単には直らない。今度は後ろの軸足の立ち位置をだんだん下げて、同じスタンスで打とうとする。

　そこで、挟み撃ちするように後ろにもかまぼこ板を置き、バッティング練習を続けた。そうやって10日間くらいだろうか、広過ぎるスタンスを直したわけだが、**選手に分かりやすく伝えるには、時にはそんな工夫をしながら指導することも必要だろう。**

　秋山がホームランを量産し始めるのは１９８５年（昭和60）からで、１９８７年（昭和62）には43本で本塁打王も獲得した。通算４３７本塁打、安打も２１５７本放つ大打者となった。もちろん、私の指導だけでこれだけの成績につながったわけじゃない。秋山自身の努力の賜物《たまもの》だろう。ただ、私の指導がそのきっかけになったとすればこれほど嬉しいことはない。

何年か前、秋山に憶えているかと聞いたら、

「バッターボックスの前にかまぼこ板を置かれたのは憶えていますが、後ろに置かれたのはちょっと……」

と、指導したこちらとしては拍子抜けするような答えが返ってきた。せっかく工夫したのにと思ったが、指導者なんてそんなものかもしれない。

32

指導はしつこく徹底的に。

日本で基本フォームを固められなかった松井秀喜は、アメリカに行ったら、また右足を上げる悪い癖に戻ってしまった。

プロ野球の場合、指導はしつこく徹底的にというのが鉄則だ。何度も言うように**一度身体に染みついた悪い癖は、なかなか直らないし、一時的に直ったとしても、調子が悪くなるといつの間にか元に戻ってしまう。**私たちの世界では、この現象を**「Uターンラッシュ」**と呼んでいる。

巨人の監督の原辰徳が現役時代、新聞記者を介して私の自宅に訪ねてきたことがあった。夜中の12時頃だったから、試合後だろう。聞けば「スライダーが打てなくて悩んでいる」とのことだった。自宅に上げて、スイングさせてみると、ステップが広くてがにまた気味だった。これでは外に逃げていく右ピッチャーのスライダーが打てるわけがない。へっぴり腰で三振が多い。スライダーが苦手だから、早いカウントで難しい球に手を出して凡打を重ねる。その悪循環だった。

彼も素直ないい性格で、欠点を指摘すると、「はい、はい」と納得した様子。都合1時間ぐらいだろうか、がにまたを直すために真っすぐ歩く練習から始めて、フォームを矯正した。そうしてしばらくはいいのだが、いつの間にかまた元に戻って調子を落としている。わずか1時間の指導だから仕方がないが、よっぽど自分で自覚して気を付けていないと、「Uターンラッシュ」を避けることは難しいのだ。

私は幸運にも、恩師の松木謙治郎さんからしょっちゅう言葉をかけてもらっていた。

3年目のシーズンにはコーチを退かれてNHKの解説者になられたが、ちょっと私が調子を落としていると思うと、「おまえ、ヒザがこうなっている、腰がどうだ」とアドバイスしてくれた。もうチームとは関係ないのだから、アドバイスする必要もないのだが、一度築いた師弟関係というのはそう簡単に変わるものではないのだろう。まだ経験もなく若かった私には、そうした松木さんのアドバイスがとても嬉しかった。

もちろん自分でも、気がつくとフォームをチェックしていた。よく野村克也さんに叱《しか》られたものだが、バッターボックスに入る前にバットでスタンスの広さを測っていた。「ハリ、何をやっとんのや、はよ入らんか」「すいません」という会話を何度交わしたことか。10年たっても、そうやってスタンスを測らないと気が済まなかった。それくらいしつこくやらないと、いつの間にかスタンスは広がってしまうからだ。

逆に言えば、スタンスの広さが調子のバロメータだったわけだ。スタンスが広がって、打率が下降線を辿《たど》るということがよくあった。王にしてもそうだ。あれだけの大打者にして、いつの間にかフォームが狂い、1カ月もホームランが打てないことがあった。だから王も打てなくなると、しょっちゅうフォームをチェックしていた。そうやって自分でチェックできたからこそ、荒川博さんがコーチを辞めてからでも、三冠王を二度も獲れたのだろう。

その意味で、残念なのはやっぱり松井秀喜だ。長嶋監督の指導のおかげもあって、50本打って日本で本塁打王を獲った頃は右足の上下動も少なくなり、「すり足打法」のきれいなフォームだったが、アメリカに行ったらまた元に戻ってしまった。右足を上下させて勢いをつけることで、メジャーのパワーに負けまいとしたのだろう。日本にいたら、長嶋さんもいろいろ細かくチェックできたのだろうが、アメリカではそうもいかない。しかもメジャーのコーチは、基本的に選手任せで、聞きに来たら教えるというスタンスだ。日本でもっと基礎フォームを固めてからメジャーに行けば、あるいは自分でチェックすることもできたかもしれないが、結局、そこそこの成績で終わってしまった。１００年にひとりとも言える素晴らしい素質を持っていただけに残念でならない。

それほど**指導はしつこく徹底して行わなければ意味はない。と同時に、指導者のひと言が選手の人生を左右するほど重要だと自覚しなければいけない。**もし自分の指導が間違っていたら、選手の人生を棒に振らせてしまうかもしれない。果たしてそこまで**命懸けで指導しているコーチが、今どれだけいるだろうか。**あなたは、あなたの部下の指導に関してそれほどの覚悟を持てているだろうか。極論かもしれないが、そこまでの覚悟がないと、「一流」なんてそうそう育てられるものではないのだ。

第四章

「一流」の組織論

第四章　鉄則
33
一流の組織は一流の指揮官によって作られる。

勝つための4条件すべてを兼ね備えているのは、三原、水原、鶴岡、川上。この4人の名将以外は思い浮かばない。

第四章では、一流の組織作りを考えてみたい。

プロ野球では、**一流の組織イコール強いチーム**だ。チームを強くする現場の最高責任者は監督である。最近はメジャーを真似てゼネラルマネージャー（GM）を置く球団もあるが、現場での作戦、選手起用などチームを優勝に導く最高責任者は監督であることに変わりはない。

そして、この監督の手腕ひとつで勝敗が左右されるのも事実なのだ。昔、江本孟紀《えもとたけのり》が「ベンチがアホやから……」と放言したことがあった。あの時の阪神タイガースがどうのこうのというのは別にして、確かに「ベンチがアホや」と勝てない。私も現役時代は11人の監督に仕えていたから分かる。確かに「ヘボ監督」はいる。

おそらく全スポーツの中で、**野球ほど監督の采配ひとつで戦況や勝敗が180度変わるスポーツはないだろう。**サッカーやラグビーは、一度選手をグラウンドに送り出したら、後は選手の自主性に任される。アメリカン・フットボールは比較的野球に近く、ワンプレーごとに細かく指示が出るが、野球の場合、極論すればピッチャーが投げる150球なら150球すべて、しかも相手ピッチャーも合わせると計300球以上も細かく神経を配り、1球ごとにサインを決め、投手交代、代打を送るなど、采配ひとつで試合の局面ががらりと変わる。すなわち、将棋や碁のように駒ひとつ、石の置き方ひとつで流れを変えることができるのだ。プロ野球の監督とは、それほど大きな存在だと言える。

したがって「ヘボ」もいれば、当然「名将」もいる。この人に任せておけば、必ず一流のチームに仕立て上げてくれる。その手腕を評価されている人たちだ。私は60年近くプロ野球に関わってきたが、名監督と呼べるのは次の4人、すなわち三原脩監督、水原茂監督、鶴岡一人《つるおかかずと》監督、川上哲治監督だ。今の若い読者には、なじみのない名前も多いと思うので、まずはこの4人の業績を簡単に紹介しよう。

三原監督は、1956年（昭和31）から3年連続日本一に輝いた〝野武士軍団〟西鉄ライオンズを率いた指揮官だ。野球理論に造詣《ぞうけい》が深く、三原マジックとも呼ばれる采配で弱小チームを強くする手腕が高く評価されている。6年連続最下位の大洋ホエールズを就任1年目で日本一にまで導いたのは、その真骨頂と言えるだろう。

一方、水原監督は、大学時代から続く三原監督とのライバル対決で脚光を浴びてきた。巨人対西鉄の3年連続対決はいずれも三原監督に軍配が上がったが、〝巌流島《がんりゅうじま》の対決〟と呼ばれ、多くのプロ野球ファンを魅了したものだ。巨人で四度の日本一になった後、私のいた東映フライヤーズに移って来られ、就任2年目で日本一に輝いた。

鶴岡監督は1946年（昭和21）から南海ホークス一筋で、通算23年、リーグ優勝

11回、日本シリーズを二度制している。監督としての勝利試合数1773は歴代1位。〝鶴岡親分〟の通称でも分かるように選手の面倒見が良く、「グラウンドには銭が落ちている」の名言でも知られる。モチベーター・タイプの名将だ。

1965年（昭和40）から9年連続で日本シリーズを制覇した、巨人「V9」監督として、まさにプロ野球の歴史に金字塔を打ち立てたのが川上監督だ。今では2連覇することも難しいのに、9年連続、通算でも11回日本一になったのだから、その突出した手腕はお分かりいただけるだろう。

この4人を見ていると、以下の4条件を共通して持っているのが分かる。すなわち、

①勝つための戦略に長けていること
②勝つための組織作りができること
③勝つことへの執念が人一倍強いこと
④大きな勝負に勝てる度胸を持っていること、だ。

この中のひとつ、ないしはふたつを持っている人は、何人もいるだろう。西本幸雄《にしもとゆきお》さん、広岡達朗さん、古葉竹識《こばたけし》さん、野村克也さん、森祇晶《もりまさあき》さん、最近では落合博満もそう言えるかもしれない。だが、この4条件すべてを兼ね備えているとなると、私にはこの4人以外の名前は思い浮かばない。まさに「名将」と呼ばれる所以《ゆえん》だ。

指揮官は勝つための戦略を持たなければいけない。

指揮官が采配ミスをすると、3点リードしていても選手は「いつか逆転されるのではないか」と不安になる。

まず指揮官に問われるのは、勝つための戦略を持っているかどうかだ。プロ野球の場合、**試合に勝たなければ意味がない。勝たなければ給料が上がらないからだ。**なんぼ頑張っても給料が上がらないのでは、いい思いができないし、やっている意味がない。

その意味では、**どんなに人格的に問題があろうと、チームを勝たせてくれる監督はいい監督だ。**たとえば広岡達朗さん。かなり厳しいことをズバズバ言う人だから、中には文句を言う選手もずいぶんといたようだが、自分たちを勝たせてくれるのだから、付いていくしかない。50メートル先にその姿を見つけたら、顔を合わせないようにサッと身を隠したくなるような監督でも、勝たせてくれる限りではいい監督だ。

前項でも述べたように、野球は指揮官の采配ひとつで勝敗が大きく左右されるスポーツだ。プロともなればなおさらである。それは、何より選手自身がよく知っている。極端に言えば、新しい監督が就任して1年目、春のキャンプを見ただけで「今度の監督はいいぞ」とか「やばいな」と選手は見きわめてしまうものなのだ。

1961年(昭和36)、水原茂監督が東映フライヤーズに就任された時がそうだった。それまでの東映は3位に一度食い込んだことがあるだけの、万年Bクラスのチーム。選手にも負け癖が染みついていた。

キャンプ初日、選手を集めて、水原監督が口火を切った。

「プロ野球は勝たなければ意味がない。儲《もう》けなければ意味がない。じゃあ、勝つためにに何をしなければいけないのか。俺に付いてこい！」

もちろん、これが並みの監督の言葉だったら、選手も相手にしないが、前年まで巨人を八度もリーグ優勝させた監督だ。選手も半信半疑ながら、やってみるかと思って付いていくとキャンプの内容がそれまでとがらりと変わった。守備連携などチームプレーが多くなり、練習も目的意識を持った内容が多くなった。

やたらキャンプで長時間練習させる監督、厳しい練習を強いる監督がマスコミなどでも持て囃《はや》されがちだが、そもそもそういう監督はキャンプの意味を勘違いしている。キャンプはあくまでレギュラーシーズンを戦うための調整期間。ペナントレースでベストな戦いをするための準備期間なのだ。それなのに、ただ厳しくすればいい、と選手をやたら脅したり、オープン戦なのにエース級を惜しげもなく投入したりする。しかも、相手は調整段階のバッター。変化球に身体を慣らそうと、変化球だけを待っていたりもするのだ。そんな相手に勝って、何の意味があるのか。オープン戦で優勝したチームが、シーズンに入ったら最下位なんてよくある話だ。オープン戦で勝って、なんぼ給料が上がるの？　と言いたくなる。

勝つ戦略を知っている監督は、キャンプが何のためにあるのか、その期間に何をしなければいけないかを熟知している。だからオープン戦での勝ち負けに一喜一憂しないし、どっしりと構えている。

またシーズンに入ってからは、間違った采配をしない。

「何で、この場面でこのサイン？」「何で、この投手交代？」

そういう采配ミスがあると、たとえ3点リードで勝っている試合でも、選手は不安で落ち着かなくなる。

「うちの監督はいつかまたミスをするんじゃないか。逆転されるかもしれない」

逆に、相手チームは「どうせ失敗するよ」とニタニタ笑っている。こうなると、もう最悪だ。勝てる試合も勝てなくなる。

世に言う**「負け癖」の正体**なんて、だいたいそんなものだ。だからこそ、指揮官は信頼されるだけの戦略をまず持たなければいけない。そうやって**勝つことで実績を作り、その実績が新たな信頼を呼び、自信を植え付ける。「一流」の組織はそうやって作られていくのだ。**

第四章　**鉄則**

35

一流の組織にチームプレーは必須条件。

「個人が成績を上げれば給料が上がると思っている。だが本当は、チームが勝たなくては意味がない」と、水原監督は繰り返し説いた。

水原監督の話をもう少し続けよう。

当時の東映フライヤーズは、万年Bクラスに甘んじていたが、けっして個々の力が劣っていたわけではない。2年目に私は3割を超え、エースの土橋正幸さんも2年連続20勝以上するなど、戦力もそろっていた。だが、なかなか勝てなかった。勝てないから、選手は給料を上げるために個人プレーに走る。「ヒット1本打って、なんぼ」「1勝挙げて、なんぼ」という感じで、好き勝手のし放題。てんでバラバラで野球をしていたから、ますます勝てない。勝てないから、個人プレーという悪循環だった。

たとえば1死一塁だとしよう。ランナーを得点圏に進めるために、次の打者は右方向に打つバッティングが求められるわけだが、セカンドゴロで進塁させても記録は凡打にしかならない。打率を落とすくらいなら自分勝手に打ってヒットを狙ったほうがましと、ランナーなどおかまいなしに好きな球を好きなように打つようになる。ランナーを二塁に進めたほうが、ピッチャーにかかるプレッシャーが高まって、得点が入る確率が増えるにもかかわらずだ。これでは、試合に勝てるはずがない。

水原監督は、そういう意識を徹底的に変革することから始めた。

「おまえたちは個人の技量を上げ、成績を上げれば給料が上がると思っている。でも、そうじゃないんだ。野球はチームプレーが大切で、チームが勝たなくては意味がない。

なぜならチームが強くなれば、ファンがチームを応援しようとお金を払って観に来てくれるからだ。ファンが集まれば球団が儲かる。おまえらの給料も上げやすくなる。だから勝たなくては意味がないのだ」

水原監督は繰り返しそう説いて、選手に個人プレーを捨てて、勝利のためのチームプレーをするように強く求めた。先ほどのような場面では、サインを出し、進塁打をさせた。時には5回を抑えれば勝利投手の権利が生じる場面でも、容赦なく投手を代えた。2死まで取って、あとひとりという時でも、「危ない」と感じると迷わずピッチャーを代えた。そうやって、試合に勝っていった。それは時として〝非情采配〟とも呼ばれた。

私が一番驚いたのは、4番打者の山本八郎《やまもとはちろう》さんを二軍に落としたことだ。山本さんは浪商の先輩で、入団6年目。「ケンカはち」の異名をとるほど個性が強く、練習には遅れるわ、ひとりで先にあがってしまうわ、とにかくワンマンだった。歴代の監督が「腫物《はれもの》」に触るように扱っていたその山本さんを、水原監督は「野球はチームプレー。ひとりでも自分勝手な選手がいるとチーム力が落ちてしまう」と、二軍に落としてしまったのだ。さすがの山本さんも二軍に落とされてはたまらないということで、謝りに行ったのだが、水原監督は、

「俺に謝るんじゃない。チームに迷惑をかけたのだから、選手全員がいる前で謝るんだ」

と言った。この言葉にもびっくりしたが、それでも水原監督はしばらく山本さんを試合には使わなかった。それほど、チームプレーを乱した者には厳しかった。

勝てる試合を確実に拾うようになると、自然と監督に対する信頼が高まっていく。

「この監督に任せれば、俺たちだって勝てる」

その意識が自信を生み、チームプレーも進んでできるようになる。

その一方で、水原監督は**独自査定**でチームプレーに貢献した選手の評価を球団に伝えて、給料を上げさせていた。当時、中継ぎやリリーフを担う投手は、先発に比べて下の存在と見られていた。水原監督はそういうピッチャーも、勝利に貢献したら0・5勝として評価した。セカンドの青野修三《あおのしゅうぞう》さん、ショートの岩下光一《いわしたこういち》さんなども、

「こんなに給料が上がるんだ」

と喜んでいた。守備面でよく貢献してくれたというご褒美だろう。

就任1年目は終盤まで優勝を争い、惜しくも2位。その悔しさを胸に刻んで臨んだ就任2年目は球団初のリーグ優勝、日本一に導いたのだから、水原監督の手腕の凄さが分かる。その基礎は、私たち選手にチームプレーの意識を叩き込んだことだった。

第四章　**鉄則**

36

指揮官は選手を納得させなければいけない。

こんな生意気な若造でも、丁寧に説明してくれた水原監督の真摯な姿勢が私に冷静さをもたらした。

かく言う私も、じつは水原監督の **〝非情采配〟に腹を立てたことがある。**

就任1年目のこと。リードしている試合の終盤、8回表、あるいは9回表だったか、レフトの守備位置に就いたとたんに代えられたことがあった。なるほど私はけっして守備の上手いほうじゃないかもしれない。そのくらいは自覚している。とはいえ守備位置に就く前ならまだしも、いったんレフトの守備に就いてから交代させられるのはあまりに格好悪い。しかも1回や2回じゃなく、その日が三度目。当時付き合っていた彼女が観戦に来ていて、試合後は食事にでも誘って格好をつけようと思っていた。その彼女の目の前で、「レフト張本に代わりまして……」とやられたわけだから、情けないやら格好悪いやら。私は我慢の限界を超えた。

駒沢球場でのこと、たしか対南海ホークス戦だったと思うが、私はレフトの守備位置から、わざとゆっくり歩いて、三塁側の南海ベンチへと向かった。普通なら、レフトから一塁側の東映ベンチに走って戻らなければいけないのを、抵抗して三塁のベンチ脇からダグアウトの中へ入り、ユニフォーム姿のまま歩いて合宿所の「無私寮」へ戻ってしまったのだ。今なら罰金ものだろう。あるいは何試合か出場停止を受けても当然の行動だった。

南海のベンチもびっくりしている。

「何をやっているんだ、張本は」

それほど頭にきた。まだ20歳そこそこのガキだったから、私もいったん頭に血がのぼると、もう止まらない。合宿所に帰ると、ガラスを割るわ、壁を蹴《け》飛ばすわ、大暴れだった。

翌日、監督室に呼ばれると、私は水原監督に食ってかかった。

「どうして一度レフトの守備位置に就いてから代えるんですか。彼女が観に来ていたのに、その目の前で私に恥をかかせることはないじゃないですか。もし私が守備でエラーしたら、自分のバッティングで1点でも2点でも取り返しますよ。それくらいの自信はあるんだ！」

まったくお恥ずかしい限りだが、私も前日の怒りが収まらなかったから、ずいぶんめちゃくちゃなことを言ったものだ。心の底では、自分は監督からそれほど信頼されていないのかという苛立《いらだ》ちもあった。

水原監督は冷静に答えてくれた。

「守備位置に就いてから交代というのは悪かったと思うが、勘が働いたんだ。相手バッターの素振りを見る。すると、どうもレフトの方向に打球が飛んでいきそうな気がした。おまえは右手が悪いから、イレギュラーすると後逸するかもしれない。そうすると、こうなって、ああなってといろいろ考えるんだ。だから、交代が遅れてしまったんだが……」

「でも、実際、レフトには飛ばなかったじゃないですか」

「ああ、そうだな。でも、おまえが将来指導者になったら分かる時がくるから、まあ、今は俺に付いてこい」

そんなやりとりだった。こんな若造に、30歳も年上の大先輩が丁寧に答えてくれている。その丁寧な対応が私の怒りを鎮めた。

また、それまでも調子の悪い5番バッターを新人の左バッターに代えたり、ピッチャーでもスパッと交代したりして結果を出した場面を何回も見ていた。なるほど、この監督は上手い起用をするなと自分でも思っていた。今までの監督とはちょっと違うぞ、そう思い始めていたせいもあるだろう。最後は、この監督に任せてみようと思い、以降、文句は言わなかった。

指揮官は時には、部下からそうやって文句を言われることもあるだろう。その時は自分の言葉で丁寧に説明してほしい。言葉では理解してもらえないかもしれないが、何より**説明しようとする対応が必ずいい結果をもたらす**はずだ。

第四章　**鉄則**

37

新人もベテランも関係なく、チームプレーを徹底させる。

「ベテランのおまえがサインを見逃してもいいとなったら、誰も守らなくなる」と、長嶋監督は怒った。

水原監督とのやりとりと同じようなことは、じつは長嶋茂雄監督の時もあった。

1977年（昭和52）、長嶋監督に請われて巨人に移籍した2年目、5月19日の対大洋ホエールズ戦でのこと。1点リードされて迎えた3回裏、無死一、三塁のチャンスで3番の私に打順が回ってきた。三塁ランナーは柴田勲、一塁ランナーは高田繁《たかだしげる》。その時点で私は3割3分と3割台をキープ。リーグ5位とはいえ、悪くない成績だ。しかも相手は左の軟投派、宮本四郎《みやもとしろう》。中継ぎ中心のピッチャーで、この年も35試合に投げて、0勝5敗、防御率4・96。江夏豊のような剛速球投手なら別だが、このピッチャーなら外野に犠牲フライ程度は打てる。そう思って打席に入ったのだが……。

何と、長嶋監督のサインはスクイズ！　相手はもちろん、味方ですら、いや、出された当人ですらまったくの**予想外のサイン**だった。私としたら、さて、どのボールを打とうか、まずはじっくり相手のボールを見きわめて……なんて思っていた。初球を余裕を持って見逃したら、目の前に三塁ランナーの柴田が立っていた。

「何やっとるんじゃ、柴田……」

「何って、スクイズですよ、ハリさん」

えっ!?　まさか、と思ってベンチを見ると、長嶋監督が顔面を紅潮させ、苦虫をかみつぶしたような顔をしている。

三塁ランナーの柴田はアウトになったが、一塁ランナーはセカンドに進んでいるから、これで1死二塁。まだチャンスがついえたわけではない。その後、私がセンター前にヒットを放って、1点を取り同点。最終回に高田が逆転2ランを放ち、何とか試合には勝つことができた。

結果論だが、サイン見逃しの汚名はこれで返上できたと思っていた私だったが、監督はそうじゃなかった。試合後、監督室に呼ばれ、「きさまっ、何をやっている！」と一喝された。とはいえ、私だって昨日や今日プロに入ったばかりの新人じゃない。19年目の大ベテラン、言っちゃ悪いが、長嶋さんより首位打者のタイトルもたくさん獲得している。現にヒットを打って、1点取ったじゃないか。

「いや、そういう問題じゃないんだ。サインを見逃したことが問題なんだ。**ベテランのおまえがサインを見逃してもいいとなったら、みんな守らなくなってしまう。**それで負けたら、俺の責任なんだ」

「分かりました、監督。ただひとつ、聞かせてください。どうして私にスクイズのサインを出したんですか。宮本なら、間違っても空振り三振に終わらない自信だけはあったんですが」

「それがな、あの時どうも相性が悪いと思ったんだ。あのカーブとかフォークボールを見たら、内野ゴロでダブルプレーになるんじゃないかと。凡打になるくらいなら、おまえにスクイズさせたほうがいい。そう思ったんだ」

そこまで言われたら、私も納得するしかない。あの時、確かに私はセンター前にヒットを打って試合を決めたが、それは結果論に過ぎない。長嶋監督の言うように、内野ゴロになっていたかもしれない。もちろんそうならない自信はあったが、監督の「眼力」がそう見立てたのなら仕方がない。その時は長嶋監督の「眼力」が当たらなかったが、当たった場面も何回も目撃してきた。それに、もし内野ゴロになっていたら、なぜスクイズのサインを出さなかったのかと監督も後悔したに違いない。

重要なのは、結果じゃない。いや重要なのだが、だからこそ、その**結果を導くためのプロセスを大切にしなければいけない。指揮官はチームを勝たせるために、あらゆることを想定しながら、ベストな采配を選択する。その采配を部下が納得し、信頼して、チーム一丸となって戦う。その一体感こそが強い組織へと変貌させるのだ。**

以降、二度と私がサインを見逃さなかったことは言うまでもない。

第四章　鉄則

38

勝つための戦略には裏付けがある。

長嶋采配は「カンピューター」と
よく揶揄されたが、
私にはよく考え抜かれた
当然の作戦だと思えた。

勝つための戦略には、誰もが納得できる裏付けがある。レフトの守備交代を命じた水原監督にしても、私にスクイズのサインを出した長嶋監督にしても、ともに「勘が働いた」という表現をしたが、勝つためには当然の采配でもある。よくマスコミから、長嶋監督の采配は勘や思いつき頼りの「カンピュータ」と揶揄《やゆ》されたが、私から見れば、勝つために考え抜かれた作戦が多かった。たとえば、こんなシーンを憶えている。

1死二塁で、打者は右の高田繁。セオリーでいけば、高田に自由に打たせる場面だが、長嶋監督はヒットエンドランのサインを出した。なぜか。高田は外角でも内角でも左方向に引っ張る打球が多い。そこで二塁ランナーを走らせ、三塁手をベースに入らせて三遊間を開ける。つまり、三遊間方向のヒットを生まれやすくしたわけだ。

確かにセオリーではない。セオリーは、高田の個性など無視して考えるからだ。だが、実際にバッターボックスに入っているのは高田という個性を持った打者だ。どちらが、現実的で正解か分かるだろう。一見、奇策に見えても、納得できる裏付けがあれば無謀ではない。

現場の指揮官に問われるのは、部下の個性を知悉《ちしつ》し、合理的な戦略を持つことだ。そのために部下の一挙手一投足まで敏感に観察する。それもまたリーダーに必要な資質でもある。

第四章　**鉄則**

39

指揮官は孤独に耐えるもの。

全身全霊、魂を込めて戦況を見つめていた水原監督は、試合後、トイレで吐くほどプレッシャーを感じていた。

プロ野球の監督を真剣にやろうと思ったら、命がいくつあっても足りない。私は、本当にそう思っていたから、引退後、いろんなお誘いがあってもお断りしてきた。「張本ほどの実績を持った選手が監督にならないのは、プロ野球の七不思議」とも言われているそうだが、私の脳裏にあるのは水原監督の**孤高の姿**だ。

東映フライヤーズの本拠地がまだ駒沢球場だった頃のこと。試合後、トイレに行ったら、水原監督が嘔吐《おうと》しているのを目撃したことがある。たしか勝った試合だった。近くにいた西村正夫《にしむらまさお》ヘッドコーチに、

「どないしたんですか、おやじさん。どこか具合でも……」

と聞いたら、

「おまえな、おやじさんは、試合中、相手ピッチャーの投球も含めて300球近く、1球1球、全身全霊、魂を込めて戦況を考えているんだ。そろそろピッチャーを交代させたほうがいいかな、いや、相手バッターがこうだからここまで待とう。あるいはここはエンドランか犠牲バントか、それこそ1球1球真剣に見ている。だから、試合後は疲れ切ってああなるんだ」

後年、水原監督の奥さんに聞いたら、負けて帰ってきた時など、ウイスキーの瓶をひとりで8分目ほどグイッグイッと呷《あお》っていたそうだ。奥歯をギューッとかみしめな

がら、その日の試合の局面を振り返っていたのだろう。とても近寄れる雰囲気ではなかったという。水原監督は、そこまで真剣に勝負に徹していた。

たとえば、こんなことがあった。

1962年(昭和37)、大毎オリオンズ戦でのこと。1点リードされた7回裏2死一、三塁の場面。バッターは青野修三さんだった。相手ピッチャーは小野正一《おのしょういち》さん。三塁コーチャーズ・ボックスにいた水原監督は、1球目から〃待て〃のサインを出し続けた。ボールカウントが2ストライクになってもサインは変わらない。不審に思った青野さんは、タイムをかけ、次打者の毒島章一さんに確認した。

「おやじさんのサインは〃待て〃だが、カウントを勘違いしているんじゃないだろうか。このままなら三振になってしまう」

毒島さんも怪訝《けげん》に思ったが、たしかに水原監督のサインは〃待て〃だ。結局、指示通り見逃していると、ボールが続き、フォアボールで一塁へ。そして2死満塁で毒島さんがタイムリーヒットを放って、逆転勝ちした。私も、水原監督の〃待て〃が信じられなかったから、試合後に直接聞きに行った。

「2ストライク後もサインを変えなかったのはどうしてなんですか。もしストライクを放られていたら、三振でチェンジでした」

「今日の小野は速球に威力があった。一方、バッターの青野は高めのコースが好きで、小野の高めに伸びてくるボール球に手を出す危険があった。**ボール球を振るくらいなら、見逃し三振のほうがまだましさ。**何よりあの場面、小野は勝ちを急いでいたから、力でねじ伏せようとストレートを投げてくる可能性が高かった。だから待たせて、フォアボールになる可能性に賭けたんだ」

そこまで考えていたとは、さすがは〝勝負師〟である。試合後、トイレで嘔吐するのも無理はない。

それぞれの局面で、冷静に観察し、深い洞察力を使って勝つための正しい戦略を立てる。そして、それを迷わず決断し実行に移す。**一流の指揮官はいつだって、孤独で孤高の存在だ。誰も、その苦しさを代わってあげることができない。**その覚悟がないと一流の指揮官にはなれないのだろう。

第四章 **鉄則**

40

時には非情にならないと一流の組織は作れない。

川上監督は、ベンチに座るだけでグラウンドボーイまでがピリッとするほど、怖がられた存在だった。

次は、名将の4条件②**「勝つための組織作り」**を考えてみよう。組織作りの上手さに関して、私は川上監督の右に出る者はいないと思っている。単に作り上げるだけでなく、それを9年間も持続させられたのは、まさに川上監督の手腕以外の何ものでもない。普通は、それだけ勝ち続けると、どこかで慢心したり、気の緩みが出てきたりするものだ。それをいっさい許さなかったのだから、さすがだ。

川上監督の組織作りの特徴は、非情さにある。勝利のためにはいっさいの妥協を許さず、怠慢プレー、妥協したプレーは容赦なく切り捨てた。長嶋さんが不調な時は代打を送ったこともあるし、王に送りバントをさせたこともある。堀内恒夫《ほりうちつねお》がエースとして活躍していた時、神宮球場で2点か3点リードで迎えた5回裏、2死の時点で交代したこともあった。2死まで取ったものの、堀内はフォアボールでランナーをふたり出し、なおもふて腐れたような投球をしていて、どうもピリッとしなかったことが理由だったようだ。

とはいえ、あとひとりで勝利投手の権利が得られる場面だ。年間20勝するうちの1勝分を奪い取られるのだから、ピッチャーとしてはたまったものじゃない。しかもローテーション・ピッチャーなら、この日のために4日も5日も節制し、仕上げてきているのだ。ふつうなら、あとひとり我慢して、次の回からリリーフを投入する。代えるにしても、同点になるまで待つ、逆転のランナーが出たところで、というのが今も変わらない投手交代のやり方だ。

だが、川上監督は平然と交代した。

「あのまま投げさせたら、チームの士気に影響する」

という理由で。エースの堀内だけでなく、他の選手にも気の緩んだプレーをしたらこうなるぞという見せしめの意味も込めて交代する。そういう〝非情さ〟を持っていた監督だった。

高田繁でも、同じようなことがあったそうだ。高田といったら、V9の主力メンバーのひとり。俊足の左翼手としても高く評価されていた選手だ。その高田が、レフトとショートの間に落ちた打球の追い方が悪いといって、即二軍落ちを命じられたことがあった。ロッカールームで本人が泣いていると、牧野茂《まきのしげる》ヘッドコーチがやってきて、慰めたという。ヒットになったのは自分の責任じゃないのにと訴える高田に対し、牧野ヘッドコーチは、

「確かにそうだが、ショートは後ろ向きに後退しなければいけないのだから、ボールを追いにくい。レフトのおまえは正面にボールを捉えられるわけだから、やっぱりおまえが処理すべきなんだ」

と言って、悔し涙を流す高田をこんこんと諭したという。

川上監督はもともと口べタで、あまり細かいことを説明しなかった。その代わり牧野ヘッドコーチがカバーして、選手のフォローに入っていたわけだが、それだけに川上監督の〝非情さ〟には威厳が漂っていた。

4大監督の中でも、さすがにここまで選手から怖がられた監督は他にいない。川上監督が試合前の練習でベンチに顔を出すと、選手だけでなく、グラウンドボーイ、グラウンドキーパーまでがピリッとしたというから、そのカリスマ性たるや相当なものだったに違いない。

ひとりひとりの部下のことを知れば知るほど、情けが湧《わ》いてくるのがふつうだろう。だが、そういう**温情にとらわれると、戦略を誤り、勝てる組織は作れなくなる。**ましてや長続きしない。川上監督の例は特別かもしれないが、時には「非情」になることも必要だ。


妥協からは一流の組織は生まれない。

41

一流の組織には常に競争がある。

〝捨て駒〟さえも上手く使いながら、川上監督は常にレギュラー陣が慢心しないように刺激を与え続けた。

V9というと、1番レフト高田繁、2番センター柴田勲、3番ファースト王貞治、4番サード長嶋茂雄、5番ライト末次民夫《すえつぐたみお》（利光《としみつ》）、6番ショート黒江透修《くろえゆきのぶ》、7番セカンド土井正三、8番キャッチャー森昌彦《もりまさひこ》（祇晶）というオーダーがすぐ浮かぶ。打順はいろいろ相手ピッチャーとの相性、調子の良し悪しで変わったが、ポジションはだいたい固定していたというイメージが強い。

だが、**その裏で川上監督はレギュラー陣が慢心しないように常に刺激を与えていた。**たとえば正捕手、森さんに刺激を与えようと、慶應大で活躍していた大橋勲《おおはしいさお》を獲得した。あるいは、外野手として関根潤三《せきねじゅんぞう》さんを近鉄バファローズからトレードして、外野のポジション争いをさせたりした。レギュラー陣もうかうかしていられないから、切磋琢磨し、自分の技量を上げ、首脳陣にアピールした。こうして、いい意味でのチーム内の競争心をあおり、組織の慢心を避け、勝利へとつなげていったわけだ。

表面的には代わり映えのしないメンバーだったかもしれないが、刺激を与えなかったら、9年間も日本一の座にいることなどできはしない。ある意味**〝捨て駒〟を上手く使いながら、組織を活性化し続ける。**川上監督はその手腕に関して抜群のものを持っていたと言わざるを得ない。

第四章 **鉄則** 42

一流組織は適材適所で人材を配置している。

川上監督は、主役であるONと、そこにつなげる名脇役たちを絶妙に配置したからこそ、9連覇という偉業を達成できたのだ。

V9時代のオーダーを見ていて、もうひとつ思うのは、**主役と脇役の使い方が絶妙**だということだ。主役は言うまでもなく、ON《オーエヌ》こと王・長嶋のふたり。彼らを中心に据え、その主軸を生かすために他のメンバーを配したという感じだ。たとえばよく5番を打っていた末次は、その打力だけを見ればふつうは5番なんて打たせないのだが、とにかく守備が上手かった。クッションボールの処理など、地味だが守備が上手いから、一番難しいライトを守らせた。セカンドの土井もそう。立教大学から入ってきた時は打球が前に飛ばないじゃないかと言われたほど非力な選手だったが、守備範囲は広いし、グラブさばきは上手いし、ダブルプレーの処理はとても速かった。

攻撃はONに上手くつなげて、彼らで点を取り、守備を固めて点をやらないようにした。犠牲バントやスクイズを多用し、1点の重みを重視した野球をした。そのために適材適所に人材を配置した。川上野球は面白みがないと揶揄されたりもしたが、だからこそ9年連続日本一という偉業を達成できたのだ。

4番ばかりを並べても組織は上手く動かない。主役がいて脇役がいる。それぞれが適材適所で自分の仕事を十二分に果たすからこそ、組織は円滑に回るのだ。その人材配置も指揮官の重要な役割のひとつだ。

第四章　**鉄則**

43

隠れた逸材を見抜くことは、指揮官の重要な仕事だ。

若き落合に代打を送ろうとした山内監督を引き留めたことがある。

川上監督が土井正三や末次民夫を名脇役として見出したように、**4大監督はすべからく隠れた逸材を見出す「眼力」を兼ね備えていた。**

たとえば水原監督の場合。東映フライヤーズに移って来られた初年度、それまで実績の少なかった久保田治《くぼたおさむ》さんを投手の主軸にまで育てている。久保田さんは東都大学リーグ出身で、入団5年でわずか8勝しか挙げられなかったピッチャー。6年目に16試合に先発し、9勝を挙げるものの10敗し、出ちゃあ打たれるという繰り返しだった。だが水原さんは1年目のキャンプでピッチングコーチに命じて、スライダー、シュート、カーブなど変化球に磨きをかけさせた。すると、久保田さんはまたたく間に勝ち始め、その年、25勝を挙げ、土橋正幸さんに次ぐエース格となった。翌1962年（昭和37）は、勝ち星こそ16勝に減らしたものの、防御率2・12でパ・リーグの最優秀防御率を獲得、チームの優勝に大きく貢献している。

三原監督はアイデアマンだった。西鉄ライオンズ時代、豊田泰光《とよだやすみつ》さんを2番に据え、「2番最強説」を唱えたのは有名な話だ。出塁率の高い1番バッターとランナーを返す役目の3、4番をつなぐ2番打者こそ、ヒットも打てて小技も利く重要な役割と考え、首位打者も狙えるほどの打撃力を誇る豊田さんを2番に置いて〝流線型打線〟を作り上げたというわけだ。

また今話題の〝二刀流〟を最初にやったのも、三原監督だ。近鉄バファローズの監督時代、甲子園出場ピッチャーで東芝を経て入団してきた永淵洋三《ながぶちようぞう》を、投手と打者で併用した。どちらかといえばバッティングを買われていた永淵は、試合の途中で代打として出場すると、次の回から外野の守備に入り、左のワンポイントリリーフとして投球した後、また外野に戻るというケースが多かった。限られた人材を何とか有効活用しようという、三原監督ならではは起用法だった。

一方、**並みの指揮官にはこうした人材を見抜く「眼力」がない。**1980年（昭和55）、私は巨人からロッテに移籍し、3000安打を達成した年のことだ。高畠康真バッティングコーチから、「二軍に凄い選手がいるので、一度見てもらえませんか」という依頼を受けたことがある。プロ2年目の落合博満だった。見ると、上からきれいにボールを叩いているので、回転が良く、途中から打球がグーンと伸びていく。

「こんなにいいバッター、どうして一軍に上げないの?」

「それが、山内監督がインコースのボールを打てないからダメだと……」

監督の山内一弘さんは、大毎オリオンズ時代、〝ミサイル打線〟の中軸を担っていた大打者。性格も良く、打撃論も素晴らしいものを持っているのだが、指揮官としてはいまひとつだった。さっそく山内監督に掛け合うと、

「あかん、あかん。あれ（落合）は、腕が伸びとるから、近めが打てへん」

「インコースの速球を上手く打てるバッターなんて誰がいます？　あんた、打てたんか。打てないからファールチップにして、次の球を引き出したやないですか」

私も選手という立場を超えて、率直に進言した。監督も私を信頼してくれていたのだろう、さっそく落合を一軍に上げたのだが、完全に納得したわけではないので起用法も腰が座らない。当時、落合はセカンドを守っていたが、守備が悪かった。だから、2打席凡打に終わると、3打席には代打を送られていた。早急に結果を求めると、選手も結果を焦ってなかなか打てないものだ。ある時、2死一、三塁の場面で落合に代打を送ろうとしたので、越権行為とは承知しつつも、交代を告げにベンチを出ようとする山内監督のベルトを引っ張って止めたことがある。

「もう一度、チャンスをあげてください」

「ん？　そうか」

そうしたらホームラン。大打者、落合の誕生の瞬間だった。

埋もれていた逸材をいかに見出し、有効に使うか。強くなるにはどのような人材が必要で、その人材をいかに確保するか。一流の指導者は、起用法の達人であることは言うまでもない。

第四章　鉄則 44
一流の組織には一体感がある。

巨人の選手は、ファンの期待を裏切ってはいけないことを徹底的に叩き込まれていた。

一流の組織には、それぞれが結束する一体感が必ずある。巨人に移籍した私は、名門チームからそのことを教えられた。

東映フライヤーズ時代にも、水原監督から球界の盟主、巨人の話を聞いていたし、チームプレーの大切さを叩き込まれてはいたが、水原監督がチームを去り、順位もBクラスに沈むようになると、また個人プレーが横行するようになった。チームの伝統や雰囲気は一度くらいの優勝ではなかなか変わるものではない。哀しいかな、そのことを巨人に移籍して痛切に感じた。

１９７６年（昭和51）、移籍して1年目の6月10日、対阪神タイガース戦で私は通算２５００安打を達成した。しかも、自己新となる23試合連続安打であった。この日から８日後、やはり対阪神戦でセ・リーグ記録を更新する28試合連続を達成した。次なる目標は、阪急ブレーブス長池徳士《ながいけあつし》が持つ32試合連続安打の日本記録だ。私は記録を30試合連続安打まで伸ばした。

そして迎えた31試合目となる対大洋ホエールズ戦。ところが私は、試合前の打撃練習で自打球を右足甲にぶつけてしまった。あまりの痛さにスパイクを脱ぐと、みるみる足が腫れあがってきた。練習をやめて、黒江透修コーチに見せると、これはダメだなと言う。そこで治療室に引きあげて湿布を貼ってもらっていたところ、長嶋監督に呼ばれた。

「どうだ、ハリ。足は大丈夫か」

「監督、これを見てくださいよ」

「うわあ、こりゃ腫れているな。歩けるのか?」

「ええ、歩くくらいなら」

「なら、出ろ! 一塁まで全力疾走しなくていいから、とにかく5回まで出ろ」

えっ!? 東映時代なら間違いなく欠場していた。プロは全力でプレーしてなんぼ、全力プレーができない状態なら出るべきでないと思っていた。それが巨人では、許されなかった。**多くのファンがお金を払って観に来ている。その期待に少しでも応えるのがプロ**という考え方が浸透しているのだ。

話は前後するが、その年の夏、午後1時頃、後楽園スタジアムに行くと、真夏の暑い日差しの中、子どものファンが4時の開門を並んで待っていた。横を通りかかった時の、その子のひと言が今も忘れられない。

「今日は王さん、ホームランを打ってくれるかなあ。張本さんはヒットを打ってくれるかなあ」

炎天下の中、これからまだ何時間も並ぶのである。そうやって待って、スタジアムにようやく入ったのに、張本が欠場していたら、その子は何て思うだろうか。

巨人の選手は、そういうファンの期待を裏切ってはいけないことを徹底的に叩き込まれているのだ。その時、「5回まででいいから、出ろ」と言った〝ミスター〟もそうだったに違いない。

結果は4打数0安打。ただ嬉しかったことに、8回裏、突如ベンチから「張本さんまで回せ」というコールが起こった。それも、移籍してきた私と何となくそりが合わなかった生え抜き組の柴田が中心になって、「回せ！ 回せ！」と音頭を取っていた。

私はジーンとした。今まで外様《とざま》の疎外感を感じていたが、これで巨人の一員になれたと実感した。結果は5打席目は回ってこず、30試合連続安打で終わったが、この雰囲気こそ巨人の強さの秘密だと感じた。**ファンの期待にできる限り応えようとし、チームが一丸となってひとりのために尽くす。**巨人には「誰かのために」というチームプレーの精神がそこまで根付いていた。東映との大きな差を感じたシーズンだった。

強い組織には、必ずこうしたいい雰囲気があるものだ。それは短い期間ではできないものだろう。根気強く、組織を鍛え上げていくしかない。

その年、私は13年ぶりに全試合出場を果たした。それもまた私には誇らしい〝記録〟である。

第四章　**鉄則**

45

一流の組織は最後まで諦めない。

万年Bクラスに甘んじているチームは、6月頃にはもう優勝を諦め始めている。

巨人の強さの秘密に関して、もうひとつ感じたことがある。それは、チーム全員が最後まで諦めないということだ。1996年（平成8）、第二次長嶋監督時代の「メークドラマ」は、今でもプロ野球ファンの語り草だ。最大11・5ゲームあった首位との差を引っくり返し、シーズン終盤で優勝を決めたのだ。「ネバー・ギブ・アップ」の精神を叩き込まれた長嶋監督だからこそ、選手たちにその精神を伝えられたのだろう。

残念ながら、万年Bクラスに甘んじているチームにはこの伝統はない。春先は、いつも「今年こそ優勝だ」と意気込んでいるのだが、6月を迎える頃からいつの間にか「ダメかな……」というムードになっている。**諦めが早いのだ。チーム全体が諦めムードになるから、個々の選手は個人タイトルしか興味がなくなる。結果、ますます勝てなくなる。**これまでにも何回も触れた、**負の連鎖の始まり**である。

組織というのは怖いものだと、つくづく思う。個人レベルではどんなに意識が高くても、組織のムードが負のスパイラルに陥ると、個人までそうなってしまう。一度染みついた負け癖をなかなか払拭できないのは、プロ野球を見ていればよく分かるだろう。それだけに、**指揮官は負の意識が蔓延《まんえん》しないように、いつも組織に刺激を与え続け、強くあり続けるしかないのだ。**また巨人が常に勝利のための補強を怠らないように、組織全体でチームをバックアップしなければならないのは言うまでもない。

46

指揮官に重要なのは、情熱と冷静さのバランスだ。

2連敗しても酒盛りに興じる選手たちを見て、「こいつらのくそ度胸に賭けてみるか」と、水原監督はバカ騒ぎを止めなかった。

名監督の4条件③「**勝つことへの執念が人一倍強いこと**」については、詳しく述べるまでもないだろう。**鶴岡、三原、水原、川上監督はみんな「勝つ」ことにこだわり、そのための戦略を立て、組織を作ってきた。**

4大監督以外では、私が仕えてきた監督の中では、長嶋監督が人一倍情熱的だった。人一倍熱くて、人間性も明るく、カラッとして青空みたいな人だった。川上監督みたいな怖さはないから、どんなにハードな練習でもみんな長嶋監督の熱さと明るい人間性に惹《ひ》かれて付いていった。

一方、王の場合は、本人にも直接言ったことがあるが、残念ながら監督向きではない。もちろんあれだけの選手だから、「勝つ」ことへの情熱は人一倍ある。だが彼の場合は、完璧主義のところがあって、それを選手にも求めてしまうきらいがある。負けた試合のミーティングが2時間も3時間もかかるという話を聞いたことがある。いくら勝ちたいからと言って、その敗因分析を2、3時間もやっていたのでは翌日の試合に影響する。現役時代から徹底的にやらないと気の済まない王だからこそ、そうなってしまうのだろう。だから、「監督には向いていない」と思うのだ。

その点、長嶋さんは監督向きだ。「この人のためなら」「この人の言うことなら」と選手が積極的に付いていった。ただ残念だったのは、私が巨人へ移籍した後、2年連続リーグ優勝したのに、2年とも日本シリーズで阪急ブレーブスに負けたことである。敗因のひとつは、勝利への情熱が強過ぎて、選手が負けちゃいけないとガチガチになってしまったことだった。リーグ優勝して、日本シリーズまでの間に短期合宿を張るのだが、その間、毎日、「巨人は日本一にならなければいけない。日本シリーズに勝たないと意味がない」と言われ続けたら、誰だって硬くなってしまう。日本一というプレッシャーがあまりに強過ぎたのだ。

一方、水原監督は違った。1962年（昭和37）に阪神タイガースを倒して東映が日本一になった時のことだ。その年、東映は、甲子園での日本シリーズ第1、2戦を連敗していた。当時、日本シリーズはデーゲームで、第2戦の試合後、夜9時頃の寝台列車で東京に向かうことになっていた。その頃の東映は若手選手が多く、私が22歳、エースの土橋正幸さんが26歳。〝暴れん坊軍団〟と呼ばれるほど、やんちゃなチームだった。その土橋さんが音頭を取って、

「よっしゃ、今夜は動くナイトクラブだ。車掌を呼んで、ありったけのビールを持って来させろ。ピーナッツもするめもみんな持って来い。宴会をやるぞ！」

と、大騒ぎだった。同じ列車に阪神も乗っていたのだが、こちらは静かに寝ている。その年、東映から阪神に移籍した飯尾為男《いいおためお》さんというピッチャーが、トイレに起きて

きてびっくりした。

「おまえら何をやっているんだ。阪神なんてもうとっくに寝てるぞ」

「まあいいじゃないですか、為さん。どうです、一緒にやりませんか」

もちろん飯尾さんは阪神側の車両に戻ったが、その様子を水原監督が見て、

「こいつら、何て馬鹿なんだ。2連敗して、動くナイトクラブ？　いや、ひょっとして、くそ度胸があるのか」

と思ったそうだ。水原監督にしてみれば、敗因分析と対策で頭の中がいっぱい、眠ろうとしても一睡もできないのに、選手たちはあっけらかんと「チャンチキおけさ」を踊っている。一度は怒鳴りつけてやめさせようかとも思った。だが、待てよ、と思いとどまったという。**ここは、若いやつらのくそ度胸に賭けてみるか……。**

結果、1分けした後、4連勝で東映が日本一になった。

それもまた部下のコントロール術だろう。熱い情熱が人を動かし、勝利へのこだわりが強い組織を作ることも事実だが、度を越すと、それがプレッシャーとなってしまう。その**バランスこそが重要なのだ。**

第四章　**鉄則**

47

誤った放任主義は組織をダメにする。

三原監督は、一見「放任主義」を謳ったが、暗黙のプレッシャーを選手にかけ続けていた。

先の水原監督と同じようなエピソードは、西鉄ライオンズ時代の三原監督にもある。1958年（昭和33）、日本シリーズの対戦相手は巨人。3連敗して後のなくなった三原監督は、選手を博多の中洲に送り出し、大いに気晴らしをさせ、その後、4連勝して3年連続日本一を成し遂げた話はあまりにも有名だ。

三原監督は選手の自主性を尊重し、門限も設けなかったとされるが、完全な「放任主義」というわけではなかった。選手が帰る頃になると、合宿所の1カ所しかない入り口の部屋に陣取り、将棋でもしながらさりげなく選手の様子を観察していたという。

「酒を飲もうが何をしようが君らの自由だ。試合で、やることさえやってくれればそれでいい」

と、暗黙のプレッシャーをかけていたのだろう。監督が入り口で待っていたのでは、選手もおちおち遊んでいられない。

一方、酒豪で有名な大下弘さんは東映の監督時代、「サインなし、門限なし、罰金なし」の三無主義を掲げたが、結果は最下位と散々だった。**「自主性に任せる」ことと「放任主義」が違うことは、一目瞭然《りょうぜん》だ。**

要は、部下たちの自主性をいかに引き出すか。そのために4大監督たちはいろいろ工夫していたのだ。

48

指揮官の言動が選手のやる気を引き出す。

アキレス腱を3回断裂。それでも「鶴岡親分のため」と森下さんは全力疾走し続けた。

これまで何度か述べてきたが、**鶴岡監督は選手のやる気を引き出すのが上手かった。**忘れられないのは、森下整鎮《もりしたのぶやす》さんのことだ。私生活でも何かと鶴岡監督に世話になっていた森下さんは、「鶴岡親分のため」という義理もあって、いつも全力プレーを心掛けていた。1954年（昭和29）から3年連続50盗塁を記録するなど俊足で鳴らした内野手で、打率は2割7、8分ながら、内野ゴロを打った時も全力疾走で一塁に駆け込む。少しでも早く踏もうとベースの一番外側の角を蹴るように踏むので、足を痛めることも多かった。結果、アキレス腱を3回断裂。それでも「親分を勝たせたい」と三度とも復活した。そこまで監督のために執念を燃やした選手を、私は森下さん以外に知らない。

鶴岡監督は、言葉でも選手のやる気を引き出した。1960年（昭和35）のオールスター戦のことだ。鶴岡監督から、

「今日、ヒットを打ったら、明日4番にしてやるで」

と言われた私は、榎本喜八さんや山内一弘さんなど錚々《そうそう》たるメンバーを差し置いて、4番に据えてもらったことがある。ハレの舞台、東京に呼んでいた母親と兄の目の前で重用してもらい、私は嬉しかった。そうやって選手のやる気を引き出すのが、鶴岡流だ。**一流の指揮官は、細やかな気遣いとちょっとした言葉がけを忘れないものだ。**

49

指揮官も成長しなければいけない。

韓国の野球チームで1年間、苦労してきたことが、伊東勤監督を大きく成長させた。

千葉ロッテマリーンズの監督に就任した伊東勤《いとうつとむ》を見ていると、**指揮官の人間的成長がチームにいい影響を与えている**ように思う。伊東といえば、西武ライオンズ黄金時代を支えた名捕手。現役時代に八度の日本一、監督就任1年目でも日本一になるなど、勝つためには何が必要か知り尽くした人物だ。当時の西武は戦力が整い、圧倒的な強さを誇っていた。そんな中でプレーし、監督を務めてきたわけだが、ともすると**視野が狭くなり、俺の言うことは間違いないと自信過剰になってしまう**面が見られた。だから、どうしても周りから浮くことにもなる。

その伊東が西武を離れ、解説者、ＷＢＣのコーチと外の空気に触れたことで人間的にもずいぶん成長したと聞く。とくに２０１２年（平成24）に韓国の斗山《トゥサン》ベアーズで1年間、ヘッドコーチを務めたことが大きかったようだ。慣れない土地で文化も違い、コミュニケーションも満足にできない。そんな苦労をしながら、リーグ戦3位でプレーオフに進出したことが人間としての大きな成長につながったに違いない。

伊東監督のロッテを見ていると、チームが一丸となって戦っている雰囲気が伝わってくる。根元俊一《ねもとしゅんいち》、鈴木大地《すずきだいち》といった若手からベテランまで、監督を信頼して戦っている様子がうかがえる。勝つための戦略だけでなく、人間的にも大きく成長したことが、選手のやる気を引き出している。これで戦力が整えば、言うことなしなのだが。

第四章 **鉄則**

50

ここ一番の大勝負には度胸を据えよ。

現役時代は名選手でも、監督になったとたん、ベンチから逃げ出したり、冷静さを失うダメ指揮官はたくさんいた。

名将の4条件④**「大きな勝負に勝てる度胸を持っていること」**に関しても、ことさら説明はいらないだろう。指揮官が大きな勝負を前にうろたえていたら、勝負にならないことは火を見るよりも明らかだ。

だが、現役時代は名選手なのに、指揮官になったとたん、動揺して信じられないような采配をする監督がいる。本名を出すのはちょっと憚《はばか》られるので、ここではN監督としよう。現役時代はホームランバッターとしてタイトルを獲得、打撃コーチとしても優秀で、人間も悪くないのだが、監督をさせるには気が小さ過ぎた。こちらが一打逆転のチャンスでも、落ち着いてベンチから見ていられない。ベンチ裏に引っ込んで、小窓から覗きながら、

「マネージャー、いまカウント、なんぼや」

と聞いている。ここで逆転できなければどうしようと不安でたまらず、正視できないのだろう。まさか、大選手と呼ばれた人がそんなわけないだろうと思われるかもしれないが、本当の話なのだ。監督がそんな状態では、ベンチにいる選手が戦う気にもなれないのは言うまでもないだろう。

あるいはT監督。3対2で負けていて、4回裏、1死満塁のチャンスの場面。一打逆転のおいしい場面だ。ここでT監督は代打の左の切り札を出した。

「代打、M！」

Mはカーンと二塁打を放って、3点入った。やった！　代打策がまんまとはまったわけだ。だが、試合はまだ4回を終わったところだ。

案の定、再度試合を引っくり返され、迎えた8回、またまた1死満塁の逆転のチャンスを迎えた。すかさずT監督が、

「アンパイア、代打、M！」

えっ⁉　本人は頭にカッカ血がのぼってしまったのか、4回に一度使ってしまったことをすっかり忘れている。これもお話にならない。ほんまかいなと思うなかれ、私が実際に目撃した話なのだ。

はたまたO監督の場合。延長戦に入ってのチャンスの場面。相手は右のアンダースローだったから、普通なら左の代打を送る場面だ。ところがO監督、何を思ったか、右と左のバッターを呼んで、じゃんけんをさせた。じゃんけんで次の代打をどちらにするか決めようというのだ。たまたま左バッターがじゃんけんで勝って、サヨナラヒットを打ったから良かったようなものの、何をかいわんや、である。

あるいはS監督。私が実況解説を務めた試合だったが、5回表、4対1でリードしていたが、2点取られて、1点差に詰め寄られてしまった。この回を抑えれば勝利投

手の権利が生じるのは分かっていたが、どう見てもピッチャーはアップアップで代え時だった。ベンチからS監督が出てきて、当然、ピッチャー交代だと思った。そしたら続投で、さらに3点取られて逆転負けしてしまった。後で選手に聞いたら、マウンド上でS監督に、

「おまえ、代わりたいか？　まだ、投げたい？　なら、投げや」

と相談されたという。どこの世界に代わりたいかと聞かれて、「はい」と答える選手がいるだろうか。いや、中にはいるのかもしれないが、大半は「こんちくしょう、なんとか俺が抑えてやる」と思っているものだ。それなのに、選手に判断を任すなんて……。

もうお分かりだろう。これらダメ監督たちが、**いかに肝心の場面で動揺し、冷静な判断力を失い、さらには自ら決断することを怠っているか**を。

重要な局面になればなるほど、顔色ひとつ変えず、冷静に決断する。そうした態度を部下たちは観察しているのだ。「やっぱりうちの大将は違う」。そう思ってもらえる指揮官を目指してほしい。

51

まずは理想の組織をイメージせよ。

私は慎重で疑り深い性格だから、もし監督を引き受けるとしたら川上監督のような守備重視のチームを作るだろう。

前にも触れたように、私が引退後、監督、コーチをいっさい引き受けなかったのは「球界の七不思議」と言われているようだ。名球会のメンバーで見ても、金田正一さんをはじめ、長嶋さん、王などみんな監督を引き受けている。

もちろん、私にも二、三度打診があった。打撃コーチまで含めたら、もう十何回となくお誘いを受けた。ありがたいことだ。ただ本当に申し訳なく思っているが、すべてお断りさせていただいた。理由はお袋の遺言だ。生前、うちのお袋はワイフに、

「勲ちゃんはあの性格だから、監督なんて引き受けたら死んでしまう」

と何回となくこぼしていたようだ。私も、そう思っている。一流の監督と呼ばれるには、これまで話してきたような条件が必要だと分かっているから、もし私が就任したら、監督業にのめり込んでしまうに違いない。選手時代でさえ、あれだけ私生活を犠牲にして野球に取り組んできたのだ。監督になったら、寝食を忘れて、もっと集中するようになるだろう。家族のためにも、もうそれはできないと思った。

だが、想像することはある。ここまでずいぶん好き勝手に話してきたから、最後は、もし自分が監督になったらどうするかということを述べてみたい。

たとえば、もし私が横浜DeNAベイスターズの監督になったとしたら。べつに現場を預かっている中畑清監督に何か言いたいわけではない。単に「万年下位争いのチーム

を引き受けたら?」という例としてだ。

まず、何をするか。オーナーと話をして、補強のためのお金を準備してほしいと説得する。まったくお金を使わず、チームを強くすることはできないからだ。ただし、めちゃくちゃな金額を投入するつもりはない。マイナーの3A、2Aあたりから球の速いピッチャーを獲ってくるだろう。もちろん、メジャーに昇格していないわけだから、ピッチャーとしては完成していない。だが、ものすごい荒れ球でも速ければ教え込むことはできる。そういう素材が、アメリカにはゴロゴロしているのだ。

次に、そういうピッチャー陣を整える優秀なピッチングコーチを招聘《しょうへい》する。これはかつて水原監督も言っていたことだが、「強いチームを作るには、一流のピッチングコーチと一流のスカウトが必要」なのだ。とくに野手出身の監督の場合、ピッチャーという人種のことがよく分かっていない。同じチームといっても、野手と投手は別行動のことが多い。それだけに、優れたピッチングスタッフが必要になるのだ。

私は性格的に慎重で疑り深いから、野球も守備的に考える。したがって、**守備を整えることから始める**だろう。そこで重要なのが、外野のセンターからキャッチャーを結ぶ「センターライン」だ。その中で捕手はまさに要。私がもっとも渇望するのが、肩の強い捕手だ。リードなどは後で覚えればいい。ただ肩の強さだけは作ることができない。この肩の強さがどれだけピッチャーを楽にすることか。同じ理由でいいショートも見つけ出す必要がある。セカンドはまだ何とかなるが、肩の強いショートがいるだけで、内野守備はずいぶん助かるのだ。そしてセンター、現代野球ならライトだろうか。ここに優れた外野手を置くだけで、ずいぶん失点を防げるだろう。

よく打撃を買われて、外野に守備範囲の狭い外国人選手を置いたりするが、ピッチャーの負担を考えて私は採用しない。「あそこに打たれるとまずい」と思うことが、どれだけピッチャーに心理的不安を与えることか。投げられるコースや球種まで限定してしまうことになる。それでは、ますますピッチャーが不利になる。

私はおそらく、敬愛する川上監督のような堅い野球をするだろう。1点もやらない野球だ。そのほうが堅実に勝てると思っているからだ。**面白い野球ではないかもしれない。だが、負け癖が付いているチームでは、何より勝つことが一番の妙薬なのだ。**勝つことで自分たちの自信を付け、さらに勝ち続けていく。そのためには、堅実に勝てる野球のほうがいいと思う。

もし、あなたがどこかの組織の指揮官になったとしたら……。そのための具体的なイメージを持っているだろうか。そろそろ頭の中だけでも、そのための準備を進めてみてはどうだろうか。

第五章

一流組織の名参謀論

第五章 鉄則
52
一流の指揮官は一流の参謀を呼ぶ。

川上監督には牧野、
鶴岡監督には蔭山、
そして水原監督には西村。
一流のチームには
名参謀と呼ばれる人たちがいた。

この章では、参謀について考えてみたい。

名参謀というと、みなさんはどんな人を思い浮かべるだろうか。強い組織には名参謀あり、と歴史も証明している。たとえば豊臣秀吉《とよとみひでよし》の参謀だった竹中重治《たけなかしげはる》と黒田孝高《くろだよしたか》。半兵衛《はんべえ》、官兵衛《かんべえ》の「両兵衛」と言われ、軍師として秀吉を支えた。徳川家康《とくがわいえやす》には天海《てんかい》という僧侶が知恵を授けたと言われる。

同様にプロ野球の世界でも、名参謀と言われる人たちがいる。その大半はヘッドコーチのことを指す場合が多い。一番有名なのは、巨人Ｖ９時代の川上監督を支えた牧野茂ヘッドコーチだろうか。鶴岡監督には蔭山和夫《かげやまかずお》さん、水原監督には東映時代以降は西村正夫さんがヘッドコーチに就いた。

組織が大きくなると、ひとりの指揮官がチームのすべてをカバーするのは不可能に近い。第四章でも触れたように、指揮官の業務は幅広く、奥が深い。自分の部下の個性や性格などを把握し、戦略を立て、組織全体が上手く回るように気を配っていなければならない。当然、指揮官を補佐してくれる人がいれば、それに越したことはない。だが、誰でもいいわけではない。

名参謀と呼ばれるのは、どんな人たちなのか。以下、その条件を考えてみたい。

53

名参謀の仕事は〝材料〟を厳選して並べること。

名参謀は監督の考え方、戦略、好みをよく理解し、誰よりも野球を熟知した人物のことである。

では、参謀とは何をする人なのだろうか。

プロ野球チームの参謀役イコール、ヘッドコーチのやるべき仕事は、**監督の決断を助けるために、〝材料〟を厳選してあげる**ことだ。たとえば、先発ローテーションに予定していたピッチャーが故障したとする。代わりに二軍から誰を上げるか。その人選をピッチングコーチなどとも相談しながら、3、4人くらいに絞る。10人も候補を挙げていたら、監督だって決断を迷ってしまうからだ。つまり**監督の目の代わり**となって、最初にふるいにかけるのが参謀の役目なのだ。あるいは打線の組み代えだったり、作戦だったり、たくさんある選択肢の中から材料を厳選し、候補を絞るのがヘッドコーチの大きな役割だ。

したがって、決断はしない。**決断をするのはあくまで指揮官であり、参謀には決定権はない。そこを勘違いしてはいけない。**参謀が評価され始めると、あたかも自分が監督の代わりをしているかのように錯覚する人がいるが、それは名参謀とは言えない。参謀は、材料を並べるところまでが仕事だ。

もし、参謀役がいい加減な材料を並べるとしたら、監督は戦い方に誤った判断を強いられることになる。ましてや監督の考え方、戦略、好みをよく理解していなければ、監督は選びたいものを選べないことになってしまう。「監督の目の代わり」と言ったのはそういう意味だ。当然、監督からの信頼は絶大でなければならない。

もちろんヘッドコーチは、監督と同じくらい、時には監督以上に野球を熟知していなければいけない。野球のことをよく知らなければ、材料を厳選できないからだ。

もともと中日ドラゴンズのコーチだった牧野さんを、巨人の川上監督が招聘するきっかけが、牧野さんの書いたスポーツ新聞の記事だったことは有名な話だ。また1961年（昭和36）、ロサンゼルス・ドジャースのキャンプ本拠地ベロビーチで春季キャンプを張った後、牧野ヘッドコーチだけを残し、ドジャースの戦法を学ばせたのも、同じ理由からだった。こうして、当時最先端の戦法を学んだ牧野ヘッドコーチは、それを巨人の中に浸透させて、V9の礎《いしずえ》を築いたのである。川上監督がいかに牧野さんの野球理論を買っていたかがうかがえる。

その牧野さんは、誰よりも熱心に練習を観察し、時には選手の私生活まで熟知していたと言われている。選手の好不調を判断するには、練習だけでなく、何時頃練習を終えて、何時頃自宅に戻ったのか。夜の11時頃、翌日先発予定の堀内恒夫のところに電話をして、ちゃんと帰っているかどうか確認する。帰宅していたら「明日、よろしく頼むな」とひと言伝えて電話を切る。確認を兼ねて、期待しているぞとひと言伝えるところが、いかにも牧野さんらしいが、そういう気配りをしながら、選手の状態を公私にわたって把握していたという。

ただ、牧野さんはそのすべてを川上監督に報告しているわけでもなかったようだ。情報を全部筒抜けにするのではなく、**いったん自分の中で取捨選択し、必要なものだけ監督に伝える。それも、参謀の役割のひとつだ。**

鶴岡監督に仕えた蔭山ヘッドコーチも、誰よりも早くグラウンドに顔を出し、最後まで練習を見ていたという。

水原監督が西村正夫さんを参謀として起用していたのは6年ほどと短かったが、それでも「ショウ（正）、ショウ」と口癖のように名前を呼んで頼りにしていた。

「ショウ、どうや、あいつの調子は?」

「今日は下半身がよく回っていてよかったですよ」

そうやって西村さんは材料を並べ、水原監督はスタメンを決める。

一流の参謀とは、その目利きが誰よりも優れていなければいけない。いかに材料を厳選できるか。まずはその能力が問われることになる。

54

名参謀は指揮官に代わって組織をフォローする。

監督に威厳を持たせる一方で、参謀がフォローに回る。川上監督と牧野ヘッドコーチは理想的な関係を築いていた。

名参謀は誰よりも熱心に練習を観察するから、時には選手にアドバイスすることもある。私も調子を落とした時など、西村ヘッドコーチからよく声をかけられたものだ。

「おまえは調子がいい時、バットの先端が円を描くように回っているが、今は回っていない」

普段から熱心に観察しているから、本人も気づかない、そんな細かなことまで分かる。前述したように、水原監督がなぜ試合後にトイレで嘔吐しているのか教えてくれたのも西村コーチだった。

同様に、牧野ヘッドコーチも川上監督に代わってよく選手をフォローしたという。二軍落ちした高田繁に監督の意図を説明したり、クレバーな働きで勝利に貢献した選手を監督に代わって褒《ほ》めたりするのも牧野ヘッドコーチの仕事だったという。川上監督が口ベタだったこともあるが、監督に威厳を持たせる一方で、参謀がフォロー役に回るという、理想的な関係を築いていた。時には監督に代わってミーティングを行って、サインを決めることもあったという。それほど川上監督からの信頼は絶大だったということだ。

これほどの関係はなかなか築けないものだが、あなたには自分をサポートしてくれる信頼できるナンバー2がそばにいるだろうか。

55

参謀に色気は禁物。

ナンバー2が「次は俺だ」と
〝色気〟を出し始めると、
どんなに強いチームも
たちまち弱体化する。

最後に、**参謀がこれだけは絶対にしてはいけないことということ**を話しておこう。

それは、けっして**〝色気〟を見せてはいけないということだ。**色気とは、監督業への昇進欲だ。企業や会社では副社長が社長に昇進するのが一般的で、「あの人が次期社長だろう」と噂したりもするが、プロ野球の世界ではそれはあり得ない。なぜなら、ナンバー2が次期監督になるといった噂が出回り始めると、誰も現監督のほうを見なくなるからだ。かつては王が助監督から監督へという昇格があったが、そういったケースは稀《まれ》だ。多くは、参謀は監督と命運をともにするということになる。

牧野ヘッドコーチは巨人がV9を達成した後、1974年（昭和49）に川上監督とともに巨人を去った。7年後、藤田元司《ふじたもとし》監督のもと再びヘッドコーチの要職に就くが、健康上の理由で退団するまでついに監督になることはなかった。西村コーチは水原監督に招聘されるまで阪急ブレーブスの監督を務めたが、水原監督のもとを離れた後は、二軍監督が中心だった。

1979年（昭和54）シーズン終了後、私は巨人を離れてロッテオリオンズに移籍したが、その際、新聞記者に問われて、こう答えた。

「言いたいことは山ほどあるが、これだけは断言できる。（巨人は）チームが間違った方向に進んでいる。ここ数年のことだが、誰も気にしていない」

「間違った方向とは?」

「それはみなさんが考えてくれ。参考意見として（球団に）申し上げている。批判ではない。建設的な意見だ。21年間のプロ野球生活で自信を持って言えることだ」

立つ鳥跡を濁さず。〝別れた女〟の悪口など言わないつもりでいたが、コーチ陣の保身ぶりがあまりに目に付いた。長嶋監督を助けようとはせず、多くのコーチがフロントにゴマをすって、地位を守ろうとしていた。巨人のコーチなら給料は高いし、マスコミにも多く取り上げられておいしい思いもできる。長嶋監督はナンバー2を置かなかったから、コーチ陣をひとつにまとめ上げる人もいなかった。

1977年（昭和52）に2年連続でリーグ優勝したが、日本一には手が届かず、徐々に長嶋監督はチーム内で孤立していった。私が巨人のユニフォームを着た最後のシーズン、チームは5位に沈み、「長嶋監督の次は王だろう」と、王にすり寄る連中も出てきた。私が「間違った方向」と言ったのは、そういったチーム内の雰囲気のことだった。

チームが一体にならなければ勝てないことは、これまで何回も話してきた。**プロ野球の世界では、監督をトップに、コーチ陣、選手、スタッフが一丸とならなければいけない。**その際、ナンバー2が「次は俺だ」と色気を見せたらどうなるだろうか。巨人の場合、王が色気を出したわけではなく、勝手に周りがそう思っただけなのだが、あっという間にチームは一体感を失ってしまった。

「やはり野に置け蓮華草《れんげそう》」

とは、よく言ったものである。蓮華草は野に置いてこそ美しい。**参謀がナンバー2として監督に仕えているから、組織は強いのである。余計な色気を出すと、たちまち組織は弱体化してしまう。**

ナンバー2たるもの、肝に銘じるべき言葉だ。

おわりに 「一流」への道

●──やくざから、48歳で画家へと転身した山本集は、死に物狂いで描き続け、関西国際空港に作品が飾られるほどの画家になった。

最後に、親友だった山本集の話をしたいと思う。

鉄則26でも触れたように、私と山本は浪商野球部時代の同期生だ。奈良県五條市生まれの山本は、親が金持ちだったこともあり、甲子園出場を夢見て、浪商に進学し、学校の近くに一軒家を借りてお姉さんと一緒に住んでいた。一方私は、早くに父親を亡くし、兄がタクシー運転手をしながら細々と、その中から仕送りしてもらっていた。そんな事情もあり、山本が「2階が空いているから住まないか」と誘ってくれたのが、親しくなるきっかけだった。そのうち山本のお姉さんが私の分の弁当も作ってくれるようになり、それが豪華な二段弁当で、何しろお腹が空いて仕方のない年齢だから、ずいぶん嬉しかったことを憶えている。

　ところが、山本は身体が硬くて、野球も下手だった。私は1年の後半からレギュラーとなり、休日には対外試合で遠征をするようになった。当時の浪商野球部は、１００人くらい部員がいて、補欠組は居残り練習だった。同じ家に住んでいながら、私が遠征に行くのが気に入らなかったのだろう。山本は練習をサボるようになり、ふて寝したり、外出しては喧嘩をしたりするようになった。野球は下手だったが、身体は大きいし、腕っぷしも強く、外ではずいぶん暴れていたようだ。

　その頃から、やくざに目をかけられていたのかもしれないが、卒業後、寿司屋の板前、智辯学園野球部初代監督などに就いたりもしたが、いつの間にか大阪に戻り、やくざになってしまった。33歳の時に自分の組を作り、暴力事件で刑務所に何度も入るようになった。都合8年間くらい服役しただろうか。私も現役を引退し、40代後半になった頃だ。もうひとり、浪商の同期生で、谷本勲《たにもといさお》という親友がいて、彼と一緒に山本をやくざから足を洗わせようと説得したことがある。

「なあ、アツム。おまえも、いつまでもやくざをやっとるわけにはいかんやろ。高校の時から絵が上手かったんやから、絵描きにでもなったらどうや」

　最初はあまり乗り気でなかった山本も、さすがにこのままというわけにもいかないと思ったのだろう。48歳の時に一念発起。70人近くいた若い衆にもよく言い聞かせ、組を解散し、絵描きの道を目指すことになった。

もともと純粋な男で、こうと思い立ったら一徹に突き進むのが彼のいいところだった。だから、武闘派で鳴らしてはいたものの、クスリとか汚い商売には手を出さなかったと聞く。絵描きになると決めた後は、缶詰でいっぱいのリュックサックを背負って、1カ月くらい富士の樹海に入り、一心不乱に描き続けた。出てきた時は、「あんた、誰や?」っていうくらいヒゲぼうぼうで人相も変わっていたが、大好きな富士山をテーマに何十枚も描いた。

3年くらい、死に物狂いで描き続けただろうか。最初は、個展を開くにも「やくざものに会場は貸せん」とあちこちから断られたが、谷本が会場探しに奔走したりしていた。山本の絵は徐々に評判を呼び、やがて年2回個展を開き、絵も売れるようになった。しまいには関西国際空港の国際線搭乗口に代表作「雄渾《ゆうこん》」が飾られるまでになるのだから、たいしたものだ。

2011年(平成23)、山本はこの世を去ってしまったが、その5、6年前に私に絵を1枚プレゼントしてくれたことがある。巨人のユニフォーム姿の私を、油絵具を指に付け、直接キャンバスに描いた独特のタッチのものだ。山本らしくて雄々しい画風で、今も自宅の2階に飾ってある。私の宝物のひとつだ。

長々と彼の話をしたのは、一念発起するのに、年齢は関係ないということを言いたかったからだ。山本は刑務所に入るなどずいぶん回り道したが、最後は自分の素質を生かし、一流の絵描きになった。もちろん、一流になるには死に物狂いで努力しなければいけない。それでも、持って生まれた素質を生かそうとすれば、山本のように年を取ってからでも一流になれる。

この本を最後まで読んでいただいた読者のみなさんに問いたい。

あなたは持って生まれた素質を、十二分に生かし切っているだろうか。

そのために、死に物狂いで努力しているだろうか。

今からでも遅くない。

「一流」への道を、ぜひ歩み出してほしい。

張本　勲

真の仕事とは何か

プロフェッショナル 勝者のための鉄則55

2013年11月4日 初版第2刷発行

著者 張本 勲

発行人 西山哲太郎

発行所 株式会社日之出出版

〒104-8505 東京都中央区八丁堀4-6-5

電話 03-5543-2220（販売）

03-5543-1661（編集）

振替 00190-9-49075

http://www.hinode.co.jp

編集協力 稲川正和

デザイン 藤本孝明、岡本一平（如月舎）

印刷・製本 凸版印刷株式会社

定価はカバーに表示しています。

ISBN978-4-89198-142-6 C0034